KB016948

요즘 어른을 위한

최소한의
한국사

일러두기

• 맞춤법과 외래어 표기는 국립국어원의 용례를 따랐다. 다만 국내에서 이미 굳어진 인명과 지명, 용어의 경우에는 익숙한 표기를 썼다.

• 도서와 논문은《 》, 잡지, 신문 등의 간행물은〈 〉로 표기했다.

읽기만 해도
역사의
흐름이 잡히는

요즘 어른을 위한

임소미 지음·김재원 감수

최소한의
한국사

빅피시
BIG FISH

꼭 알아야 하는
최소한의 한국사

우리는 한국사를 왜 알아야 할까요? 한반도에서 벌어진 무수히 많은 사건을 모두 알 필요가 있을까요? 아마 이 책을 무심코 집어 든 여러분의 마음속에는 한국의 뿌리를 알고 싶은 호기심이 깃들어 있을 것입니다. 자신의 뿌리와 정체성을 찾아 오늘과 내일을 더욱 잘 살아가고 싶은 마음은 모두에게 보편적이겠지요.

오늘날 우리는 한반도 최초의 민주공화국, 대한민국에 살고 있습니다. 넓은 시각에서 볼 때 대한민국은 빛나는 성취를 이뤄 냈습니다. 20세기에 탄생한 신생 국가 중 경제성장과 민주주의의 눈부신 발전을 동시에 이룩한 몇 안 되는 국가이며, 21세기에는 국제사회에서 명실공히 인정받으며 선진국 대열에 들어섰지요. 그러나 오늘날 한국인 앞에는 복잡다단한 해결 과제가 산재해 있습니다. 개인과 사회가 당면한 문제를 고민하는 과정에서 우리는 지난 역사에 눈을 돌려 보곤 합니다. 가까운 과거에 일제 강점기가 있었고, 그 이전에 조선이 있었습니다. 조선 역시 고려의 여러 제도를 답습하고 개편하며 이전 시대의 유산을 자연스럽게 받아들였지요. 한국의 뿌리는 이렇게 점점 더 깊은 과거로 뻗어 갑니다. 그 뿌리를 만나는 과정에서 우리는 각각의 시대가 오늘날 우리 사회에 남긴 흔적들을 찾아볼 수 있습니다.

여기에 이 책이 탄생한 이유가 있습니다. 한반도에서 앞서 산 선조들이 어떤 세상을 만들었고, 어떤 실수를 반복했으며, 어떤 좌절과 성취를 겪었는지 살피고 나면 오늘 우리가 사는 세상을 더욱 깊이 이해하게 됩니다. 또한 축적된 역사 속에서 삶의 지혜를 터득함으로써 다양한 문제에 다각적으로 접근할 힘을 키우게 됩니다. 이로써 무엇을 선택하고 어떤 삶을 만들어갈지 각자의 답을 찾아낼 수 있다면, 한국사를 알아야 할 충분한 이유가 될 것입니다.

《요즘 어른을 위한 최소한의 한국사》는 한국 역사의 굵직한 흐름을 단 한 권으로 압축한 한국사 입문서입니다. 한반도 최초의 고대국가 고조선부터 한반도 최후의 군주국 대한제국까지, 한반도 무대 위에서 벌어진 수많은 이야기의 핵심 장면을 알차게 담았습니다. 이로써 한국사의 큰 숲을 파악하고 주요 사건을 이해할 수 있도록 도와줍니다.

또한 누구나 부담 없이 편하게 읽을 수 있도록 복잡한 역사적 사실들을 최대한 쉽게 풀어냈습니다. 무엇보다 이 책이 역사에 재미를 붙이는 데 도움이 되기를 바라는 마음으로 인물과 사건이 살아 움직이는 듯한 생동감을 전달하고자 노력했습니다. 연도를 외워야 한다는 피로감이나 역사는 지루하다는 편견을 모두 내려놓고, 앞서 이 땅에서 산 옛날 사람들의 흥미진진한 이야기에 집중할 수 있도록 스토리텔링에 비중을 두었습니다.

이 책은 한국사에 관심 있는 모든 어른을 위한 책입니다. 어릴 적에 배운 한국사를 다시 공부할 접점이 없었으나 세상에 관해 관심이 깊어지며 인문학적 소양에 갈증을 느낀 모든 어른에게 좋은 선택이 될 것입니다. 혹은 단 한 권으로 기본적인 한국사 지식을 재미있게 쌓고 싶은 분들, 시험공부를 본격적으로 시작하기 전에 전체적인 흐름을 파악하고 싶은 분들에게도 도움이 될 것입니다.

이 책을 통해 한국사의 큰 숲을 만나고 나면, 더 알고 싶은 주제들이 생길 것입니다. 그 호기심이 확장되면서 각각의 내용을 더 깊이 탐구하고 싶은 열망이 샘솟을 거예요. 그로써 세상을 더 폭넓게 이해하는 과정이 이어질 것입니다. 이 책이 그 모든 과정의 출발점이 되기를 바랍니다. 여러분은 한국사를 통해 새로운 자아를 발견하고, 세계를 보는 새로운 시각을 얻을 수 있을 것입니다.

이 책이 출간되기까지 많은 분의 도움이 있었습니다. 먼저 이 책을 꼼꼼히 감수해 주신 김재원 선생님께 깊이 감사드립니다. 덕분에 오류 없이 책의 완성도를 높일 수 있었습니다. 또한《요즘 어른을 위한 최소한의 세계사》에 이어 이번 책이 세상에 나오기까지 열정을 다해주신 빅피시 허주현 이사님, 김다영 과장님, 모든 출판사 관계자에게 감사의 마음을 전합니다.

끝으로 이 책과 연이 닿은 독자들이 격동의 한국사 여정에 흠뻑 빠져드시기를 소망합니다. 한반도에 여전히 살아 숨 쉬는 수천 년 역사의 발자취를 함께 따라가다 보면, 평소 역사에 관심이 많지 않던 분들도 한국사를 한껏 친근하게 느낄 수 있을 거예요. 이제 저와 함께 즐거운 한국사 여행을 떠나보실까요?

목차

PART 01

한반도 역사의 시작,
고조선과 삼국시대

PART 02

삼국 통일의 대업을 이룬 신라

PART 03

한국사의 중세를 연 고려

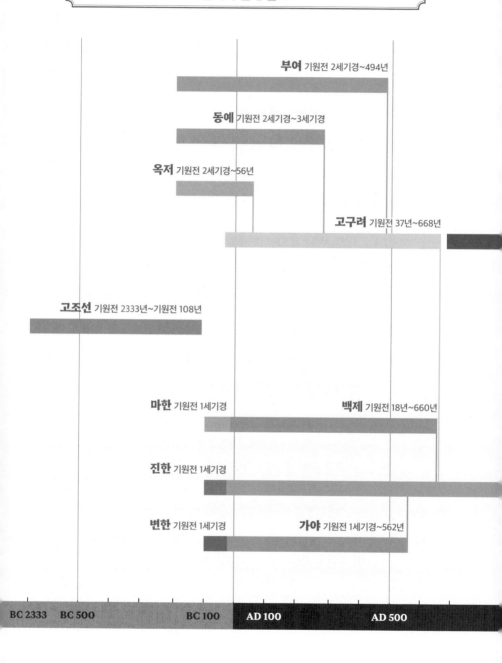

한국사 전체 연표

부여 기원전 2세기경~494년

동예 기원전 2세기경~3세기경

옥저 기원전 2세기경~56년

고구려 기원전 37년~668년

고조선 기원전 2333년~기원전 108년

마한 기원전 1세기경   **백제** 기원전 18년~660년

진한 기원전 1세기경

변한 기원전 1세기경   **가야** 기원전 1세기경~562년

BC 2333   BC 500   BC 100   AD 100   AD 500

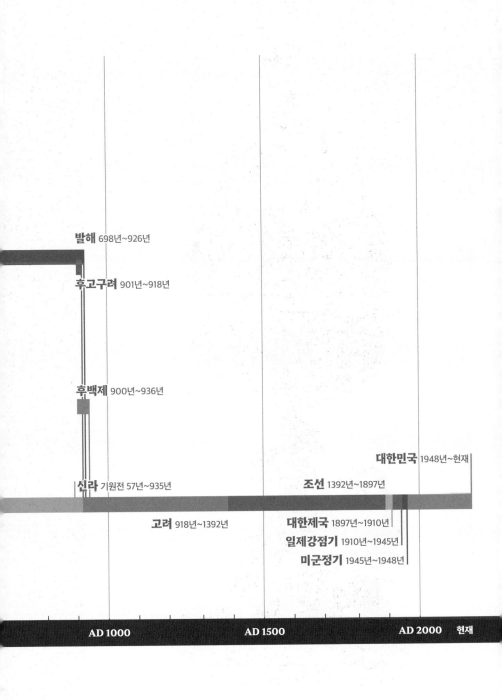

발해 698년~926년

후고구려 901년~918년

후백제 900년~936년

대한민국 1948년~현재

신라 기원전 57년~935년

조선 1392년~1897년

고려 918년~1392년

대한제국 1897년~1910년

일제강점기 1910년~1945년

미군정기 1945년~1948년

AD 1000　　　　　　AD 1500　　　　　　AD 2000　현재

PART 01

한반도 역사의 시작, 고조선과 삼국시대

고조선

초기 국가

고구려

백제

선사시대~고조선 연표

기원전 70만 년경	구석기시대 시작
기원전 8000년경	신석기시대 시작
기원전 2000년 ~기원전 1500년경	청동기 사용
기원전 2333년	고조선 건국, 8조법 시행
기원전 5세기경	철기 사용
기원전 238년	부여 건국
기원전 194년	위만조선 성립
기원전 2세기경	옥저, 동예 건국
기원전 108년	고조선 멸망
기원전 1세기경	마한, 진한, 변한 건국
56년	옥저 멸망
285년	선비족 부여 침공
3세기경	동예 멸망
494년	부여 멸망

한국사의 문을 연
고조선

고조선은 국가의 가장 초기 단계인 군장국가로 출발해서 연맹왕국 단계까지 발전한 나라입니다. 고려 후기에 승려 일연이 쓴 《삼국유사》에는 단군신화에 관한 가장 오래된 기록이 담겨 있는데, 그 속에 고조선 건국에 관한 여러 단서가 숨어 있습니다.

먼저 신화에 등장하는 곰과 호랑이는 각각의 부족 세력을 의미합니다. 환웅 부족이 호랑이를 토템으로 믿는 부족을 멸망시켰고, 곰을 토템으로 믿는 웅녀 부족을 정복해서 흡수한 것으로 해석할 수 있어요. 이렇게 환웅 부족과 웅녀 부족 간의 결합으로 태어난 단군은 고조선을 건국하여 한민족의 시조가 됩니다.

단군신화의 특징은 선민사상을 통해 지배자의 권위를 강조했다는 점입니다. 천신의 핏줄을 이은 단군이 고조선을 세웠다는 이야기로 지배자의 정통성을 확보했지요. 국가의 시조가 하늘에서 강림했다는 내용은 여러 고대국가의 건국 설화에서 쉽게 찾을 수 있는 유형입니다. 예를 들어 주몽은 천신인 해모수의 아들이고, 박혁거세와 김수로왕도 하늘에서 내려온 신성한 알에서 태어났지요. 더불어 단군신화에 깃든 홍익인간 이념에는 이타주의와 인본주의가 녹아 있습니다.

고조선
건국의 비밀

단군이 세운 나라 이름은 원래 고조선이 아니라 조선이었습니다. 하지만 지배자가 단군에서 위만으로 바뀐 위만조선과 구분하기 위해《삼국유사》를 쓴 일연이 단군조선에 '옛 고古'를 붙였어요. 여기에 더해 1392년에 태조 이성계가 건국한 조선과 국명이 또 겹치니까 단군이 세운 조선을 고조선이라고 칭하게 됩니다. 오늘날에는 고조선이라고 하면 단군조선부터 위만조선까지 모두 포괄하는 한반도 최초의 국가를 말합니다.

고조선의 초기 중심지는 비파형 동검이 출토된 랴오양 일대로 볼 수 있습니다. 이후 연나라와 충돌할 즈음에는 한반도 전역에 비파형 동검에서 발전한 세형동검이 널리 퍼졌기 때문에, 왕검성으로 중심지를 옮긴 것으로 추측할 수 있습니다.

청동기시대와 철기시대에 걸쳐 존재한 고조선은 옆 나라 중국과 많은 영향을 주고받았습니다. 특히 기원전 3세기경에 중국은 대혼란의 시대를 지나고 있었습니다. 피비린내 나는 춘추전국시대를 거쳐 진나라가 중국 최초의 통일국가를 건설했어요. 이 어지러운 시기에 수많은 유이민이 고조선으로 건너오고, 이후 진한 교체기에 또다시 수많은 유이민이 고조선으로 우르르 넘어옵니다.

위만조선과
철기 문화

그런데 이 시기에 넘어온 유이민 집단에는 한국사에 길이길이 이름을 남기게 되는 인물이 있었어요. 바로 위만입니다. 연나라 출신 위만이 큰 무리를 이끌고 도착했을 때 고조선은 준왕이 지배하고 있었어요. 이 시기에 고조선의 통치자는 왕이라는 칭호를 쓰며 전보다 강력해진 왕권을 누렸습니다. 어느덧 고조선은 초기 군장국가에서 다음 단계의 국가, 연맹왕국 단계로 나아가고 있었던 것입니다.

여전히 군장들이 그들의 부족 세력을 통제했기 때문에 왕권에는 한계가 있었지만, 과도기적 단계의 국가 조직이 갖춰져 있었습니다. 그 예로 고조선의 법률인 '8조법'을 들 수 있지요. 전해지는 조목은 3가지뿐이지만, 그 내용을 통해 국가 체계가 발전했음을 확인할 수 있습니다.

· 사람을 죽인 자는 즉시 사형한다.
· 다른 사람을 다치게 하면 곡식으로 배상한다.
· 도둑질한 자는 노비로 삼는다. 그러나 50만 전을 배상하면 용서한다.

고조선으로 이주한 위만은 준왕과 신뢰 관계를 구축했습니다. 그 결과 서쪽의 변방을 수비하는 역할을 맡게 되었어요. 그 구역 거주자들을 책임지고 이끄는 과정에서 위만은 점점 세력을 불렸어요. 마침내 기원전 194년, 위만은 수도 왕검성에 쳐들어가 준왕을 끌어내고 스스로 왕위에 올랐습니다. 왕위 찬탈 후에도 조선이라는 국명이 계속 이어졌기에, 고조선의 명맥이 끊긴 것이 아니라 내부적으로 정권 교체가 이뤄졌음을 알 수 있습니다.

위만의 강점은 중국에서 가져온 철기 문물이었습니다. 강력한 철제 무기와 군사력으로 위만조선을 발전시켰어요. 또한 위만은 중국의 한과 남쪽에 있는 진의 중간에서 길을 막고 중개무역을 펼쳐 막대한 경제적 이익을 취했습니다. 이 과정에서 국력도 왕권도 강해졌지요. 그런데 이렇게 동북아에서 세력을 키워가는 고조선을 아니꼽게 보던 나라가 있었으니, 바로 한나라입니다.

한나라의 견제와
고조선의 멸망

한나라는 진나라에 이어 중국 역사상 2번째 통일 왕조를 이룩한 강대국입니다. 한나라가 고조선을 어떻게 멸망시켰는지 알아보기 위해, 먼저 한나라 내부 상황을 들여다보겠습니다.

오래전부터 한나라에는 골칫거리가 하나 있었습니다. 흉노족이 툭하면 쳐들어와서 약탈을 일삼는 것이었어요. 흉노족은 기원전 3세기부터 기원후 1세기에 걸쳐 북방 몽골고원 일대를 휩쓸고 다닌 유목 민족입니다. 중국 최초의 통일국가를 세운 진시황조차 흉노족이라면 학을 뗄 정도였어요. 진시황이 만리장성 공사에 힘을 쏟은 것도 흉노족의 침입을 막기 위한 필사의 노력이었지요. 그러나 흉노족은 침략을 멈추지 않았습니다. 유목 민족인 흉노에게 침략은 곧 생계 수단이었기 때문입니다. 떠돌아다니며 식량원과 물자를 확보해야 하는 그들에게, 황하강 일대의 풍족한 중원 지역은 군침 도는 보물창고와 같았을 겁니다.

시간이 흘러 기원전 200년, 한고조 '유방'은 마음을 단단히 먹고 대대적인 흉노족 정벌을 시도했지만 크게 패배하고 말았습니다. 어찌나 흉노 스트레스에서 해방되고 싶었던지, 노선을 아예 뒤바꿉니다. 굶주린 흉노가 쳐들어오기 전에 미리미리 조공을 갖다 바치기로 한 겁니다. 이런 처절한 유화정책이 수십 년 이어지던 중에 한무제가 즉위합니다. 한무제는 흉노족에 대해 다시 강경책을 펼치기로 마음먹었지만, 말 타고 들판을 휘젓는 무적의 기마민족을 이기기란 쉽지 않았습니다. 결국 한무제는 흉노에게 고통받던 또 다른 피해자, 월지국과 손을 잡아야겠다고 생각했어요.

그래서 기원전 139년, 장건을 월지국으로 보냈습니다. 장건은 중간에 흉노에게 붙잡혔다가 흉노족 부인에게서 아들까지 얻는 등 온갖 일을 겪고 무려 13년 만에 귀국했습니다. 돌아온 장건은 월지국이 한나라와 손잡을 생각이 없다는 실망스러운 소식을 보고했지요. 그러나 장건이 전해준 정보 중에는 한무제의 눈을 번쩍 뜨이게 만든 것도 있었습니다. 흉노가 한나라 비단을 가져다 서역 상인에게 비싸게 팔고 있다는 정보였습니다. 그래서 한무제는 서역과 직접 교역할 수 있는 길을 뚫기로 합니다. 동서양이 만나는 거대한 실크로드가 개척된 것이지요. 돈줄이 막힌 흉노는 결국 무너지고 말았습니다.

이런 과정을 통해 교역의 힘을 깨달은 한무제에게 고조선은 눈엣가시였습니다. 중개무역으로 무럭무럭 성장하며 동북아에서 영향력을 키워가던 고조선이 곱게 보일 리 없었던 것입니다. 결국 기원전 109년, 한무제는 고조선을 침략합니다. 그러나 국력이 강한 고조선은 쉽게 무너지지 않았어요.

오랜 싸움이 이어지던 중, 고조선의 지배층 사이에서 분열이 일어나기 시작했어요. 항복하자는 의견과 계속 항전하자는 의견이 대립한 것입니다. 끝까지 싸우려 한 고조선의 우거왕은 결국 반대파의 손에 살해당했지만, 남은 세력은 항전을 계속 이어갔습니다.

하지만 기원전 108년, 결국 왕검성이 함락되면서 고조선은 멸망했습니다. 이후 한나라는 고조선 땅에 한사군을 설치해서 직접 통치했어요. 한사군은 '낙랑, 임둔, 진번, 현도'라는 4개의 행정구역인데, 이곳을 통해 중국 문물이 흘러 들어왔습니다. 한사군은 설치된 지 약 30년 만에 3개의 군이 사라지고, 그나마 남아 있던 낙랑군은 4세기경 고구려에 의해 멸망했습니다.

고조선의 멸망과 한사군의 설치는 한반도의 정치 질서를 결정적으로 재편성했습니다. 이후 한반도 일대에는 새로운 나라들이 등장합니다. 그중 일부는 강력한 고대국가로 발전해서 한반도의 역사를 주도했지만, 다른 일부는 고대국가로 발전하지 못한 채 다른 국가에 흡수되거나 사라졌습니다.

독특한 풍습이 있던
초기 국가들의 성립

최초의 국가 고조선이 역사의 뒤안길로 사라져갈 무렵, 한반도와 인근 지역에서는 또 다른 초기 국가들이 성장하고 있었어요. 이들은 철기 문화의 토대 위에서 부여, 초기 고구려, 옥저, 동예, 삼한 사회를 형성했습니다. 더 강력한 철제 무기와 철제 농기구를 손에 쥔 채 제각기 발전을 이루기 시작한 것입니다.

함경도와 강원도 해안 지역 일대에 존재한 옥저와 동예는 풍부한 자원을 자랑했습니다. 동해안에서는 해산물을 넉넉히 얻을 수 있었고 비옥한 토지에는 오곡이 풍성했다고 해요. 지리적인 특성이 경제적 풍요를 안겨주었지만, 한편으로는 선진 문물

한반도 초기 국가의 성장을 보여주는 지도. 고대국가에는 부여, 고구려, 옥저, 동예, 삼한 등이 있다.

을 수용하기 어려운 위치이기도 했어요. 두 나라에는 왕이 없었고 '읍군'이나 '삼로' 등의 군장이 부족사회를 이끌었죠. 옥저와 동예는 나날이 강성해지는 고구려의 영향력 아래서 제대로 기를 못 펴다가, 결국 고구려에 흡수되고 맙니다.

한국사에서 차지하는 비중은 낮지만, 그들의 삶에는 독특한 특징이 있었어요. 《삼국지 위서 동이전》의 기록에 따르면 옥저에는 독특한 혼인 풍습인 '민며느리제'가 있었습니다. 여자아이가 10세가 되면 미래의 남편 집에서 키우고, 성인이 되면 잠시 본가로 돌아갑니다. 이때 남편이 될 남자가 일정한 금액을 지불해

야만 신부를 다시 데려갈 수 있었어요. 이는 결혼을 위해 금액을 지불하는 일종의 매매혼으로 볼 수 있습니다.

이런 관습은 대체 왜 생긴 걸까요? 이런 풍습은 주로 노동력을 중시하는 사회에서 나타나는데, 딸의 노동력을 상실한 가족에게 일종의 보상을 지급하는 것이었다고 이해할 수 있습니다. 또한 옥저에서는 사람이 죽으면 임시로 매장했다가 시체가 썩으면 뼈만 추려내 가족 공동 무덤에 함께 매장하는 '골장제' 풍습이 있었어요.

한편 동예의 씨족 집단은 산과 강을 경계로 구분된 자신들만의 생활 구역에서 살았습니다. 이 구역 안에서 사냥, 낚시, 농사를 통해 자급자족의 삶을 영위했고 다른 구역에는 함부로 침범하지 않는 폐쇄적 분위기가 형성돼 있었어요. 만약 다른 구역을 허락 없이 넘어가면 소, 말, 노비로 죗값을 치러야 했는데, 이를 '책화'라고 합니다. 더불어 같은 씨족끼리는 혼인하지 않는 족외혼을 엄격하게 지켰어요. 이러한 풍습은 동예에 여전히 씨족 공동체의 전통이 남아 있었음을 보여줍니다.

한반도 중남부 지역에서 성장한 삼한

삼한은 한반도 중부와 남부에 걸쳐 존재한 마한, 변한, 진한을 통칭합니다. 마한은 54개 소국이 뭉친 연맹체였고, 변한과 진한은 각각 12개의 소국으로 구성됐습니다. 그런데 이들이 처음부터 마한, 변한, 진한으로 뭉쳐 있었던 것은 아니에요.

원래 한반도 중남부에는 청동기시대부터 여러 토착 부족 집단이 살아가고 있었습니다. 그런데 북쪽의 고조선에서 정세가 혼란해질 때마다 유이민들이 우르르 내려오기 시작했습니다. 예컨대 위만에게 왕위를 뺏긴 고조선 준왕도 측근들과 남쪽으로 내려와 스스로를 한왕이라 칭했다고 하지요. 이때뿐이 아닙니다. 위만조선이 멸망할 때도 고조선 사람들은 계속 남쪽으로 내려왔습니다. 이때 북쪽에서 한 단계 높은 수준의 철기 문화까지 함께 전해졌지요.

이렇게 토착민 사회에 다양한 변화의 바람이 불면서 점차 여러 소국이 저마다 뭉치며 마한, 변한, 진한이 형성됐습니다. 철제 농기구 사용은 농업생산력과 인구를 증가시키며, 계급 분화를 더 빠르게 촉진하는 연쇄반응을 일으킵니다. 그러다 보니 어느새 남들보다 앞서가는 몇몇 소국들이 눈에 띄게 되지요. 마한의 백제국, 진한의 사로국, 변한의 구야국은 각각 백제, 신라, 가야의 기틀을 잡기 시작했습니다.

이러한 삼한에는 '소도'라는, 솟대의 원형이 되는 독특한 풍습이 있었습니다. 《삼국지 위서 동이전》에서는 소도를 이렇게 묘사합니다.

솟대는 신앙의 대상으로 세우는 나무 장대로 지역이나 목적에 따라 여러 명칭이 있는데, 삼한의 '소도'에서 유래한 것으로 추측된다.

이 나라에는 각각 장수가 있는데 그중에 큰 자는 신지라 부르고 그다음 가는 자는 읍차라고 한다. 귀신을 믿어서 나라의 읍들이 각기 한 사람씩 세워 천신에게 제사하는 것을 주관케 하였으니 그 이름을 천군이라 하였다. 나라마다 각각 소도라 부르는 별읍이 있는데 큰 나무를 세우고 방울과 북을 매달아 귀신을 섬긴다.

만주 땅을 차지한
부여의 성장

고조선이 사라진 후부터 고구려가 새로운 강자로 떠오르기 전까지, 만주의 패권은 부여의 것이었습니다. 고조선이 멸망하기 전인 기원전 3~2세기경, 송화강 유역을 중심으로 성장한 부여는 5세기까지 기나긴 역사를 이어갔어요.

부여 사람들은 드넓고 비옥한 토지에서 농사를 지으며 목축도 겸했습니다. 일찍이 수준 높은 경제력과 군사력을 갖췄으니 빠르게 연맹 국가 체제를 이룰 수 있었지요. 중앙은 왕이 다스렸고, 중앙에서 사방으로 뻗은 길을 중심으로 사출도四出道가 있었습니다. 사출도는 각각의 부족장인 '대가'들이 다스렸는데 특이하게도 대가는 가축 이름으로 불렸습니다. 말, 소, 돼지, 개를 따서 각각 '마가, 우가, 저가, 구가' 등으로 불렀어요. 부여에서 목축이 얼마나 중요했는지 알 수 있는 대목입니다.

《삼국지 위서 동이전》에 따르면 부여인은 흰옷을 좋아했다고 해요. 신발은 가죽신을 신었고 외국에 나갈 땐 비단옷 등을 즐겨 입었다고 합니다. 지배 계층은 그 위에 가죽으로 만든 갑옷을 입고 금과 은으로 모자를 장식했다고 해요. 고대의 부여인이 고상하게 예복을 차려입은 모습, 상상되시나요?

한편으로 부여에는 고조선처럼 엄격한 법이 있어서, 살인을 저지른 죄인은 죽음으로 벌하고 그의 가족은 노비로 삼도록 했습니다. 이 법을 통해 부여에도 신분제가 있었음을 추측할 수 있고, 노동력을 중시했다는 점도 알 수 있지요.

또한 북방 민족이 흔히 그러듯 '형사취수제'의 풍습도 가지고 있었어요. 형이 죽으면 남겨진 형의 부인과 결혼해서 가정과 재산을 지키는 것입니다. 12월이 되면 모두 함께 노래하고 춤추고 음식을 먹으며 하늘에 제사를 지냈는데, 이 제천의식을 '영고'라고 부릅니다.《삼국지 위서 동이전》에서는 영고를 이렇게 묘사합니다.

은력 정월에 하늘에 제사를 지내며 나라에서 대회를 열어 연일 마시고 먹고 노래하고 춤추는데, 영고라고 한다. 이때 형옥을 중단하여 죄수를 풀어주었다.

그런데 일찍이 넓은 영토와 강력한 군사력을 바탕으로 잘나가던 부여는 대체 왜 중앙집권적 고대국가로 발전하지 못하고 멸망해버렸을까요? 3세기에 부여는 주변 정세 변화에 크게 휘말립니다. 위쪽에선 선비족이 몸집을 불리며 압박하고 아래쪽에선 고구려가 압박하는 형국이니, 가운데 끼어 있는 부여는 바람 잘날이 없었습니다. 심지어 부여는 적들이 침략하기 딱 좋은 평야지대에 위치했기 때문에, 계속 쳐들어오는 외적을 철통같이 방어하기가 쉽지 않았어요.

당시 이웃 나라 중국은 난세였습니다. 통일왕조가 무너진 이후 수많은 나라가 난립하던 5호 16국 시대였어요. 한족 입장에서 다섯 오랑캐라 칭한 '5호' 중에는 선비족이 있었는데, 이들은 다른 민족과 거침없이 싸우고 다닌 고대 유목 민족입니다. 결국 285년, 부여와 선비족 사이에 큰일이 터지고 말았어요. 선비족 모용외가 부여에 쳐들어오더니 수도를 파괴하고 약 1만 명의 포로를 잡아간 겁니다. 이때 부여가 얼마나 크게 무너졌냐면, 선비족을 막지 못한 국왕 의려는 스스로 목숨을 끊고, 다른 왕실 사람들은 북옥저로 피난 가는 처지에 이르렀어요.

이후 337년, 선비족 모용외의 아들 모용황이 전연이라는 나라를 세웁니다. 원래 모용황이 세운 나라의 이름은 '연'이지만 나중에 등장한 '후연'과 구분하여 '전연'이라고 부르게 됐어요. 전연이 346년에 부여를 또 공격합니다. 부여는 중심축을 잃고 또다시 붕괴했지만 흩어진 잔류 세력이 계속해서 부여의 명맥을 이어갔습니다. 하지만 결국 494년, 고구려에 완전하게 편입되면서 부여는 지도에서 사라집니다.

그러나 부여의 숨결은 고구려와 백제로 이어져 한민족의 역사적 뿌리로 남습니다. 부여 출신 주몽이 토착 세력과 손잡아 고구려를 세웠고, 백제 또한 부여 출신인 온조가 토착 세력과 연합해 세운 나라이기 때문입니다. 게다가 백제는 한때 국명을 남부여로 바꾸기까지 했잖아요. 백제가 부여를 계승했음을 선포한 성왕에게서 부여에 대한 자부심이 느껴집니다.

이처럼 훗날 백제가 부여의 정통임을 선포하며 왕실의 권위를 드높이려 했다는 것은, 부여의 위상이 얼마나 대단했는지 짐작하게 하는 대목입니다. 또 아득한 고대국가 부여의 숨결은 대한민국까지 닿아 있습니다. 백제의 마지막 수도인 사비가 있던 곳은 오늘날에도 '부여'라는 이름으로 불리고 있지요.

◉ 고구려 주요 사건 연표 ◉

기원전 37년	동명성왕 주몽이 졸본에 고구려 건국
3년	졸본에서 국내성으로 천도
179년	고국천왕 즉위
194년	진대법 실시
331년	고국원왕 즉위
342년	전연이 고구려를 침공
372년	태학 설치
373년	율령 반포
391년	광개토대왕 즉위
414년	장수왕 광개토대왕릉비 건립
427년	평양성으로 천도
598년	수나라 고구려 침공
612년	을지문덕이 살수대첩에서 수나라 군대를 대파
642년	연개소문이 정변을 일으켜 정권 장악, 보장왕 즉위
645년	당나라 고구려 침공, 안시성 전투에서 당나라군 격파
668년	고구려 멸망

온 사방에 용맹한 기상을
떨친 국가, 고구려

고구려의 역사는 시조 동명성왕, 고주몽의 이야기에서 출발합니다. 동부여에서 도망쳐 나온 주몽은 기원전 37년, 졸본부여에서 고구려를 건국했어요. 대체 주몽에게 어떤 사연이 있었을까요?

신화에 의하면 주몽의 어머니는 하백의 딸 유화예요. 주몽의 아버지는 천제의 아들 해모수입니다. 천제의 아들이라면 천자, 즉 왕을 의미하며 해모수는 북부여의 왕으로 추정할 수 있어요. 어느 날 유화를 만난 해모수가 그녀와 관계를 맺고 떠나버립니다. 유화의 임신 사실이 알려지자 허락도 없이 관계를 맺었다며 유화의 부모는 그만 딸을 내쫓아버렸어요.

해모수의 아이를 가진 유화는 동부여의 금와왕을 만나게 됩니다. 금와왕은 해모수의 손자였어요. 해모수는 이미 아들에 손자까지 두고 있었던 것입니다. 유화는 금와왕의 동부여 왕궁에서 지내게 되고, 얼마 후 아들 주몽을 낳습니다. 주몽은 동부여 왕궁에서 금와왕의 7명의 아들과 함께 성장했지요.

어릴 때부터 활을 참 잘 쏘던 주몽은 용맹한 기질이 남달랐어요. 게다가 해모수의 아들이잖아요. 이렇게 유망한 주몽을 시기 질투하던 사람이 있었으니, 금와왕의 맏아들 대소였습니다. 금와왕의 왕위를 물려받을 대소는 눈에 거슬리는 주몽을 죽이고 싶었어요. 결국 주몽은 위협이 도사리는 동부여를 떠나 졸본부여로 망명한 것입니다.

주몽이 도착한 졸본부여에는 이미 토착 사회가 형성돼 있었어요. 이 지역은 원래 '구려' 등의 이름으로 불리고 있었죠. 주몽은 이곳에 살던 부족장의 딸 소서노와 결혼해서 세력 기반을 다지고 마침내 '고구려'를 건국합니다.

부여에서 망명한
주몽의 고구려 건국

고구려의 첫 도읍인 졸본은 춥고 척박한 산악 지대라 농사짓

고구려의 첫 번째 수도 졸본성으로 추정되는 중국 랴오닝성의 오녀산성五女山城.

기가 어려웠어요. 그러나 거칠고 불편한 자연환경은 오히려 고구려인의 용맹하고 진취적인 기질의 원천이 되었죠. 고구려인의 정복적인 기질은 훗날 고구려가 동아시아의 강대국으로 발전하는 기반이 됩니다.

졸본의 위치는 오늘날 환인으로 추측되는데, 얼마 지나지 않아 두 번째 수도인 국내성으로 천도가 이뤄졌어요. 국내성은 중국 집안 지역에 있었습니다. 국내성이 고구려의 가장 오랜 기간 도읍이었던 만큼, 집안 지역에선 현재까지도 고구려 시대 유적이 가장 많이 발견되고 있어요. 그리고 훗날 5세기 장수왕 때 천도한 평양이 고구려의 마지막 수도가 됩니다.

초기 고구려는 5부족 연맹체로서 '소노부, 절노부, 순노부, 관노부, 계루부'의 다섯 부족이 느슨한 연합을 이룬 형태였어요. 각 부족장이 모여 제가 회의를 통해 국정을 논의했고, 왕은 연맹의 수장으로서 미약한 권력을 가졌지요. 1세기 후반쯤 되면 고구려는 슬슬 중앙집권 국가로 변화합니다. 6대 태조왕 때 왕의 입김이 세지자 계루부 고씨가 왕위를 독점하기 시작한 것입니다.

고국천왕이 농부 을파소를 최고 관직에 앉힌 이유

고구려의 9대 왕인 고국천왕은 왕권 강화에 박차를 가했어요. 연나부(절노부)에서 왕비를 뽑고 연대를 강화한 뒤 5부를 전체적으로 통제하려 합니다. 원래 각 부를 알아서 통제하던 수장들은 왕의 적극적인 개입이 맘에 들지 않았어요. 그래서 연나부가 반란을 일으키기까지 합니다.

고국천왕은 나머지 4부의 권세를 꺾기 위해 뭔가 조치를 취해야 했어요. 그래서 농사짓던 을파소를 불러다 국상의 자리에 앉힙니다. 이에 각 부의 수장들은 입이 떡 벌어졌어요. 5부 기득권 출신도 아닌 농부를 당대 최고 관직인 국상 자리에 앉히다니, 심하게 파격적인 등용이었습니다.

을파소는 2대 왕인 유리명왕 때 대신으로 활약한 을소의 후

손으로, 성품이 굳세며 지혜롭다고 평가받던 인재였어요. 원래 고국천왕은 그에게 장관직을 권했는데 을파소가 이를 이런 말로 거절합니다.

"신은 둔하고 느려서 엄명을 감당할 수 없으니 어진 사람을 뽑아 높은 관직을 주시고 대업을 이루소서."

농사짓던 을파소가 왕을 도와 난국을 돌파하려면 장관 정도의 직책으론 어림도 없었지요. 그의 속마음을 눈치챈 고국천왕은 을파소를 국상에 임명하고, 국상을 따르지 않으면 전부 멸족시키겠다고 엄명을 내렸습니다. 이로써 독자적인 4부 세력은 약해지고, 점차 왕 아래에 소속되는 형태로 통합되기 시작했어요. 각 부의 지배층은 독자적 권력이 약해져 수도에 옹기종기 모여 사는 중앙 귀족과 관료로 변모합니다. 게다가 왕위 계승도 형제 상속에서 부자 상속으로 바뀌며 국왕의 위상은 더 강력해졌어요. 훗날 고구려 왕에게는 '태왕'이라는 독자적인 칭호가 사용됩니다.

한편 을파소는 왕이 보여준 두터운 신뢰에 보답하려는 듯 고구려의 번영을 이끌었습니다. 인재 발굴과 경제 정책 등 다양한 방면으로 통치 체계를 재정비했지요. 특히 고국천왕 대에 실시된 '진대법'은 한국사 최초의 사회복지 제도라고 불릴 정도로 큰 의미가 있답니다.

진대법은 봄에 곡식을 빌려주고 추수기에 갚게 한 구휼 제도인데, 이 제도 또한 왕권 강화에 한몫했을 것으로 추정됩니다. 당시 귀족들이 비싼 이자를 받아 돈놀이하는 고리대가 성행했는데, 여기에 희생된 농민들이 귀족의 노비로 전락하는 경우가 많았거든요. 진대법은 농민이 귀족의 노비로 전락하지 않도록 도와주어 귀족의 세력 확장을 억누른 동시에, 계속해서 왕의 백성으로서 국가에 세금을 내고 군역의 의무를 지도록 하는 효과적인 제도였습니다. 이러한 춘대추납 구휼 제도는 훗날 고려와 조선에서도 의창과 환곡으로 이어집니다.

낙랑군과 대방군을 모두 퇴치한 미천왕

3세기 동북아시아에서는 격동의 시대가 펼쳐지고 있었습니다. 후한의 조정이 부패할 대로 부패하자 불만이 폭발한 농민들은 '황건적의 난'을 일으켰어요. 난세를 타개하겠다며 대륙 전역에서 군웅이 할거했고 결국 그 유명한 위, 촉, 오의 삼국시대가 시작됩니다. 당시 요동반도는 전략적 요충지였기 때문에 이곳의 패권을 누가 쥐고 있는지를 보면 동북아의 패자를 가늠할 수 있었어요.

3세기 초, 요동반도는 공손씨가 차지하고 있었지요. 위나라는 고구려와 한께 힘을 합쳐 공손씨 세력을 멸망시킵니다. 그런데 둘 사이에 있던 공손씨가 사라지니까 이제 고구려와 위나라가 국경을 마주하게 된 거예요. 두 나라 사이엔 급격히 팽팽한 긴장감이 감돌게 되었어요.

결국 동천왕은 위나라가 장악하고 있던 요동반도의 서안평을 먼저 쳤어요. 그러자 위나라 장수 관구검이 반격을 가하며 고구려 도읍의 환도성을 함락해버렸죠. 환도성은 갑자기 어디서 튀어나왔을까요? 고구려 도성에는 한 가지 특징이 있었어요. 일반적으로 평지의 왕궁성과 방어용 산성이 한 세트로 묶여 있었지요. 평상시에 왕은 평지에 있는 국내성에서 지내다가 적이 쳐들어오면 환도성으로 이동했습니다.

고구려는 위나라의 침공에 타격을 입었지만, 머지않아 상황이 나아졌어요. 위나라가 사라진 것입니다. 위나라 말기부터 권력을 독점하던 사마씨가 위나라 황제를 내쫓더니 서진을 세워 삼국 통일을 이뤘어요. 그런데 북쪽에서 유목 민족들이 쳐들어오자 서진은 금세 멸망했습니다. 간신히 도망친 사마씨 황족은 남쪽에 동진을 세워서 진의 명맥을 이어갔어요. 그리고 북쪽을 차지한 유목 민족들은 제각기 나라를 세웠고요. 온갖 왕국이 난립하던 5호 16국 시대가 시작됩니다.

기회를 잡은 고구려 미천왕은 맹수처럼 세력을 팽창하기 시작합니다. 서안평 공격에 성공하더니 낙랑군과 대방군까지 모두 정복했어요. 고조선 멸망 이후 한반도에 설치돼 있던 한군현 중 가장 오랫동안 남아 있던 낙랑군 그리고 낙랑에서 분리된 대방 군까지 모두 축출한 것입니다. 이렇게 미천왕은 고구려의 초기 발전을 견인했습니다.

전쟁에서 고초를 겪은 비운의 군주, 고국원왕

하지만 미천왕의 아들 고국원왕 때 고구려의 기세는 한풀 꺾이고 맙니다. 5호 16국 중에서도 특히 선비족 모용황이 세운 전연이 문제였지요. 전연이 342년에 대군을 이끌고 고구려를 기습 공격한 것입니다.

신흥 강자로 떠오르는 고구려를 구워삶기 위해 전연은 열심히 머리를 굴렸어요. 북쪽 길은 넓고 평탄한데 남쪽 길은 좁고 험난하니, 고구려가 북쪽 방어에 더 힘을 쏟으리라고 예상한 거였어요. 전연의 예상은 적중합니다. 고국원왕은 적들이 흔히 쳐들어오는 북쪽 길로 정예병 5만 명을 보내고 자신은 소수의 약한 병력을 이끌고 남쪽을 지키기로 해요. 하지만 전연이 예상 밖의 남쪽 길로 쳐들어오자 고국원왕은 무참히 패배했어요.

고구려는 또다시 환도성을 침략당했습니다. 고국원왕은 간신히 목숨을 건졌지만, 안심할 처지는 아니었어요. 전연이 5만여 명의 포로와 고국원왕의 어머니, 왕비까지 줄줄이 인질로 데려간 겁니다. 게다가 전연은 고국원왕의 아버지인 미천왕의 무덤을 파헤쳐서 시체까지 싣고 돌아갔어요. 전연은 고구려를 압도적으로 꺾을 만큼 강력하진 않았으니, 최대한 고구려에 대한 안전장치를 마련하려고 머리를 굴린 것입니다. 고국원왕은 입술을 꽉 깨물고 전연에게 저자세를 취한 끝에야 겨우겨우 아버지의 시신을 돌려받을 수 있었습니다.

그러나 고국원왕의 굴욕은 여기서 끝나지 않았어요. 마침 4세기는 백제 근초고왕의 최전성기였고, 당시 고구려 왕은 평양으로 거처를 옮긴 상태였습니다. 백제 근초고왕이 가만 보니까 고구려 국왕의 가족들이 전연에게 포로로 잡혔다가 돌아오는 등 상황이 안 좋아 보이는 것이, 백제에겐 기회가 될 것 같았어요.

백제군은 기회를 놓치지 않고 남쪽에서 치고 올라갔고, 고국원왕은 371년에 평양성 전투에서 화살을 맞고 전사합니다. 고구려 역사에서 국왕이 전사한 사례는 이때가 유일합니다. 왕이 백제와의 전쟁에서 전사했다니, 충격과 비통에 빠진 고구려는 이제 백제와 철천지원수가 됐습니다. 어찌나 화가 났던지, 나중에 광개토대왕릉비에는 백제의 국호를 오랑캐를 뜻하는 '백잔'이라고 새겨놓을 정도였어요.

한편 고구려에 치욕을 준 전연은 어떻게 됐을까요? 전연은 370년에 전진의 공격을 받아 멸망합니다. 적의 적은 어쩌면 나의 친구라 했던가요. 전연을 멸망시킨 전진과 전연의 원수였던 고구려는 사이좋은 친구가 되었습니다. 고국원왕의 아들 소수림왕은 전진과의 우호적인 관계 속에서 두 팔을 걷어붙이고 대대적인 내부 정비를 시작했어요.

즉위하자마자 부왕을 위한 복수혈전에 나설 수도 있었을 텐데 그렇게 하지 않았어요. 나라가 휘청거린 이유가 무엇인지 생각해보니, 일단 내부적으로 지배층이 분열돼 있는 점이 큰 문제라는 생각이 들었던 것입니다. 그래서 소수림왕은 불교를 공식수용합니다. 불교는 기존에 제각기 따로 믿던 민간 신앙과는 차원이 달랐어요. 불교의 체계적인 교리와 사상은 흩어진 민심과 분열된 지배층을 하나로 모으기에 적합했지요.

또한 국립 교육기관인 태학을 설립해서 유능한 인재를 키웠습니다. 연이어 소수림왕은 왕의 통치를 받쳐줄 율령을 반포해서 통치 체계를 단단히 정비했어요. 소수림왕이 단행한 개혁은 고구려사에 굉장한 의미가 있는데, 이때 닦은 튼튼한 토대 덕에 광개토대왕이 정복 사업을 힘차게 펼치며 5세기 고구려가 동북아의 맹주로 위용을 떨칠 수 있었기 때문입니다.

영토 확장에 열을 올린
광개토대왕과 장수왕

391년, 광개토대왕이 17세 나이로 왕위에 올랐습니다. 어린 나이임에도 짧은 기간에 패권을 장악해나갔지요. 광개토대왕은 할아버지 고국원왕의 치욕을 씻기 위해서 가장 먼저 백제로 돌진했습니다. 백제를 먼저 공격한 것은 한편으론 대륙으로 진출할 때 혹시 모를 후방 공격을 미리 차단하기 위함이었지요. 광개토대왕은 대대적인 공격을 퍼부으며 결국 396년, 백제 아신왕을 무릎 꿇리고 한강 이북을 점령합니다. 백제와 한창 싸우는 와중에도 북쪽의 거란과 숙신까지 정벌했어요.

한편 호되게 당한 백제는 왜(일본)와 힘을 합쳐 신라를 공격하기 시작합니다. 400년에 신라 내물왕이 고구려에 도움을 청하자 광개토대왕은 5만 명의 군사를 지원해줬어요. 그 덕에 왜구를 물리치고 신라에도 강력한 영향력을 끼치게 됩니다. 그 뒤에도 광개토대왕의 숨 가쁜 영토 확장은 계속되었어요. 요동반도와 동부여까지, 고구려의 영역은 동서남북 사방으로 팽창합니다. 그야말로 천하무적이었지요.

이러한 고구려의 강력함은 어디에서 왔을까요? 고구려군의 강점은 뛰어난 전략과 전술, 철갑 기병 그리고 우수한 무기 제조 기술에 있었습니다. 지리적 특성상 고구려는 삼국 중 가장 빠르게 외부의 무기 기술을 흡수하고 발전시킬 수 있었어요. 특히 고구려의 '맥궁'은 우수한 품질로 유명했는데, 탄력이 대단해서 적군의 갑옷을 쉽게 관통했습니다. 게다가 수렵으로 단련된 민족답게 고구려군은 달리는 말 위에서 뒤돌아 적에게 활을 쏘기도 했어요. 정복 군주 광개토대왕은 이러한 고구려 군대를 진두지휘하며 화려한 전성기를 이끌다가 39세에 짧고 굵은 생을 마침

광개토대왕의 업적을 기리기 위해 장수왕이 세운 광개토대왕릉비.

니다.

고구려 전성기의 모습은 광개토대왕의 연호 사용에서도 드러납니다. 광개토대왕은 한국사 최초로 '영락'이라는 연호를 사용했어요. 연호를 사용해 그 시대를 정의한다는 것은 굉장한 권위와 자신감의 상징이었습니다. 광개토대왕은 연호를 통해 고구려의 강력한 국가적 자부심과 함께, 본인이 시대를 주도하는 시간의 지배자임을 보여주었어요.

광개토대왕의 정복 사업은 그 뒤를 이은 장수왕에 의해 계속됩니다. 장수왕의 시호는 말 그대로 98세까지 장수했다는 의미를 담았어요. 오래 살고 재위 기간이 길수록 업적도 풍부해지기 마련이지요. 장수왕은 무려 78년의 재위 기간에 걸쳐 고구려에 수많은 업적을 남겼는데, 그중 하나로 414년에는 부왕의 업적을 만천하에 과시하기 위해 광개토대왕릉비를 세웠습니다. 고구려의 국력과 자부심이 정점을 찍었던 시기, 중국 집안 지역에 우뚝 세워진 거대한 비석은 무려 6미터가 넘습니다.

그리고 427년에 장수왕은 평양성으로 도읍을 옮겼어요. 한 나라의 수도를 옮기는 일은 오늘날에도 보통 힘든 일이 아닙니다. 특히 고대국가에서는 더더욱 중대하고 예민한 일이었어요. 당대 지배계급에겐 수도에 모여 사는 자체가 일종의 특권이었기 때문입니다. 국가의 모든 운영 시스템이 수도를 중심으로 조직되어 있었지요. 지난 400년간 대대손손 국내성에서 세력을 잡은 기존 귀족들의 반발이 얼마나 심했을까요? 하지만 장수왕은 그 어려운 천도를 실행했습니다. 그만큼 국왕의 권력이 대단했음을 짐작할 수 있지요.

아버지 광개토대왕이 북쪽을 정리해줬으니, 이제 아들 장수왕은 남진 정책을 추진할 차례입니다. 고구려 장수왕이 남쪽으로 쭉쭉 밀고 내려오자 백제와 신라는 심각한 위기의식을 느꼈어요. 강자에 맞서 살아남기 위해 신라와 백제는 '나제동맹'을 결성했어요. 그러나 파죽지세인 고구려를 막지 못했고 475년, 장수왕은 결국 백제의 오랜 도읍인 한성을 차지했습니다.

한강 유역을 차지한 고구려는 5세기의 주인공이었습니다. 장

5세기경 고구려 최대 영토를 달성했을 때의 지도.

수왕은 백제 개로왕을 죽이며 고국원왕의 복수를 마무리하고, 금강 유역까지 고구려 최대 영토를 확보할 수 있었습니다. 이 시기 세워진 충주 고구려비는 한반도에 남아있는 유일한 고구려비로서 당시 장수왕의 진출 지역을 알려줍니다.

5세기에 고구려가 전성기를 이룩한 배경에는 국제 정세의 영향도 있었습니다. 분열된 남북조가 자기들끼리 치고받느라 고구려에 신경 쓸 틈이 없었던 거지요. 장수왕은 상황에 따라 실리적인 외교정책을 펼치며 국내의 중앙집권 체제를 더욱 강화할 수 있었고, 결국 고구려의 최전성기를 이끌었습니다.

수나라의 침공과
을지문덕의 살수대첩

시간이 흘러 7세기, 동아시아에선 전운이 감돌았습니다. 오랫동안 분열되어 있던 남북조시대가 종결된 것입니다. 혼란의 남북을 통일하고 새롭게 중원을 차지한 주인공은 수나라였어요. 주변 이민족을 제압해나가던 수양제는 고개를 뻣뻣이 들고 있는 고구려가 눈에 거슬렸습니다. 얼른 내 앞에 찾아와 인사하고 조공을 바치라고 요구했지만, 그때마다 고구려 영양왕은 콧방귀만 뀔 뿐이었지요. 자존심이 바짝 구겨진 수양제는 건방진 고구려의 무릎을 꿇리기로 결심합니다.

그래서 612년, 수나라가 대대적인 고구려 원정에 나섭니다. 무려 113만 3,800명이라는 어마어마한 대군이 출정했어요. 하지만 수나라 군대는 요동성에서 그만 발목을 잡히고 말았습니다. 수양제는 정말 난감했습니다. 만약 성을 파괴하지 않은 채 그대로 적진으로 진격했다간 후방 공격이 들어올 수 있고, 퇴각할 때 퇴로가 막혀 위험해질 수도 있었으니까요.

결국 몇 달째 함락하지 못하던 요동성을 그대로 두고, 30만 명의 별동대를 속히 평양성으로 투입합니다. 이때 별동대가 짊어진 무기와 식량이 너무 무거워서 몰래 식량을 버리는 병사까지 속출할 지경이었어요. 지옥의 행군이 이어지자 점차 병사들은 굶주리고 지쳐갔지요.

이런 상황을 간파한 고구려의 을지문덕 장군은 거짓으로 항복하겠다고 선언합니다. 이에 수나라 군대는 내심 안심하며 철수하기로 해요. 어차피 수나라 군대는 더 이상 싸울 기력도 없는 상태였어요. 그동안 을지문덕이 수나라 군대를 일부러 공격했다가 후퇴하기를 반복하면서 진을 다 빼놓고 있었거든요. 그렇게 퇴각하던 수나라군은 살수에서 고구려군의 기습 공격을 받고 처참히 전멸하고 말았습니다. 을지문덕의 지략으로 대승을 거둔 이 전투가 바로 '살수대첩'입니다. 별동대 30만 명 중에 살아 돌아간 병사가 2,700명에 불과했으니, 세계 전쟁사에 길이길이 남을 규모의 유례없는 대승이었어요.

고구려의 성 한 채도 점령하지 못한 채 처참히 패배하다니, 수양제의 자존심에 큰 상처가 났습니다. 전쟁은 마치 도박과 같아서 한 판만 더 해보면 이길 수 있으리라는 불확실한 희망을 부르곤 합니다. 그래서 수양제는 이후에도 연례행사처럼 고구려에 계속 쳐들어왔어요. 하지만 수양제의 무리한 대외 원정과 대규모 토목공사는 결국 수나라의 멸망을 불렀습니다.

안시성 전투로
당나라를 물리치다

"중원을 차지한 자가 천하를 다스린다."라는 유명한 격언이 있습니다. 전통적으로 중원이란 고대 문명을 꽃피운 황하 중하류 지역의 넓은 평원을 의미해요. 이러한 대륙의 중심, 중원은 중국 역사의 중심 무대였습니다. 수나라가 망한 뒤 618년, 중원의 새 주인이 다시 통일 왕조를 이룩했어요. 그가 바로 중국사의 황금기라 불리는 당나라의 초대 황제, 당고조 이연입니다. 당고조는 수양제가 고구려 원정에 집착했다가 나라를 말아먹은 사실을 잘 알았어요. 그래서 일단은 내부 안정에 집중했지요.

그러나 그 뒤를 이은 당태종은 달랐습니다. 주변 세력을 차례로 격파해나갔기에, 고구려 역시 마음의 준비를 단단히 해야 했습니다. 그동안 계속 쳐들어오는 수나라를 막아내느라 지쳐 있던 고구려는 주변 정세를 살피며 군사력을 강화하고 천리장성까지 쌓고 있었어요. 이때 천리장성의 공사 감독관이 바로 그 유명한 연개소문입니다. 연개소문과 고구려 영류왕은 뜻이 맞지 않았어요. 온건파 영류왕은 당과 우호적인 관계를 유지하는 것에 주안점을 두고 있었거든요. 그러나 강경파 연개소문은 소극적인 영류왕의 태도 때문에 고구려의 국제적 입지가 줄어드는 것이 맘에 들지 않았어요.

어느 날 연개소문은 영류왕 세력이 자신을 제거하려 한다는 정보를 입수했고, 이에 대응해 정변을 일으켰습니다. 왕궁에 쳐들어가 영류왕을 살해한 뒤 꼭두각시 왕으로 보장왕을 올리고, 스스로 최고 관직에 올라 정권을 장악합니다. 강경파 연개소문이 권력을 잡았으니, 당나라와의 관계도 급격히 나빠졌습니다.

치열했던 안시성 전투를 그린 그림.

수를 무너뜨리고 등장한 당의 입장에서 고구려는 어차피 평화롭게 공존할 수 없는 존재였습니다. 당나라는 연개소문의 정변을 명분 삼아 645년, 고구려를 침공합니다. 직접 군대를 이끌고 출정한 당태종은 예전에 수나라가 넘지 못한 요동성을 그대로 두고 주변 다른 성부터 공략하기 시작했어요. 결국 요동성을 비롯한 여러 성이 당나라군에 줄줄이 함락되고 말았습니다.

그런데 뜻밖에도 당나라 대군의 발목을 잡은 성이 있었으니, 바로 안시성이었습니다. 안시성의 성주와 관민은 온 힘을 다해 당나라의 군대를 막아냈어요. 9월이 되자 더 이상 전쟁을 지속할 수 없었던 당태종이 결국 후퇴합니다. 중원 대륙의 통일 제국인

수, 당의 대군과 맞서 고구려가 승리를 거둔 것입니다. 당태종은 안시성 전투에서 패배한 뒤 얼마 못 가 생을 마감했습니다. 이제 고구려 정벌을 그만두라는 유언을 남긴 채 말이지요.

승리의 기쁨도 잠시, 한반도의 삼국시대도 저물고 있었습니다. 위기에 빠진 신라가 당나라와 동맹을 맺고 서서히 삼국 통일의 문을 열고 있었어요. 660년에는 백제가 멸망합니다.

연개소문이 사망하자 고구려의 지배층은 권력 다툼으로 분열됐어요. 최고 집권자의 공백 아래, 고구려는 이미 내부로부터 무너지고 있었던 것입니다. 그리고 668년, 나당 연합군에 의해 고구려의 평양성이 함락됩니다. 남아 있던 저항 세력이 부흥 운동을 이어갔으나 국운은 이미 쇠하고 말았습니다. 700년간 이어진 고구려의 마지막이었습니다.

◉ 백제 주요 사건 연표 ◉

기원전 18년	온조왕이 위례성에 백제 건국
234년	고이왕 즉위
260년	율령 반포
346년	근초고왕 즉위
371년	근초고왕 고구려 침공, 고구려 고국원왕 전사
455년	개로왕 즉위
475년	고구려군에 수도 함락, 웅진 천도
501년	무령왕 즉위
538년	백제가 남부여로 개명, 사비성으로 천도
554년	백제와 신라의 관산성 전투에서 백제 성왕이 전사, 나제동맹 결렬, 백제 위덕왕 즉위
641년	의자왕 즉위
660년	백제 멸망

찬란한 문화를
꽃피운 백제

백제의 건국 설화는 고구려의 시조 주몽에서 출발합니다. 주몽이 졸본 지역에 도착해서 연상의 여인 소서노와 결혼하고 고구려를 건국했지요. 소서노에게는 비류와 온조라는 두 아들이 있었어요. 한때 두 형제의 앞날은 창창하게만 느껴졌을 겁니다. 어머니 소서노는 고구려 건국의 주역이자 주몽의 든든한 조력자였으니까요.

그런데 어느 날, 소서노의 머리 위에 먹구름이 드리웁니다. 주몽이 부여에 있을 때 낳은 아들, 유리가 나타난 거예요. 아빠 주몽이 있는 졸본으로 건너온 유리는 고구려 태자의 자리를 꿰

찾어요. 위기를 느낀 소서노와 온조, 비류 형제는 짐을 싸 들고 남쪽으로 내려가기로 해요.

기원전 18년, 온조는 한강 유역의 위례성에 나라를 세웁니다. 비류는 인천 미추홀에 터를 잡았지만, 이곳은 땅도 습하고 물이 짜서 살기 불편했어요. 결국 비류의 세력은 온조에게 흡수됩니다. 《삼국사기》에 따르면 처음에는 나라 이름이 십제였는데, 이후 백제로 고쳤다고 합니다.

백제의 눈부신 한성 시대

처음엔 마한 지역의 소국이던 백제는 초기 연맹왕국 단계를 지나 고대국가를 향해 열심히 달려가기 시작합니다. 3세기 고이왕은 한강 유역을 완전히 장악하며 두각을 드러냈어요. 특히 마한 지역 최강자였던 목지국까지 병합합니다.

이렇게 새롭게 귀족층으로 흡수된 족장 세력을 관리하기 위해 국가의 체제를 정비하기 시작하는데, 《삼국사기》에 따르면 고이왕 집권기에 '16관등제'와 '6좌평제'를 설치했다고 합니다. 이때 모든 체제를 완비했다기보단 여러 가지 체제를 정비하기 시작했다고 이해하는 편이 일반적입니다. 예컨대 공무원의 등급을 16등급으로 체계화한 16관등제는 6세기 성왕 때 완성됐다고 보고요. 3세기의 고이왕은 지배 체제 정비를 시작해서 고대국가의 기틀을 마련한 왕이라고 할 수 있지요.

백제의 전성기를 이끈 왕으로 유명한 근초고왕은 346년에 즉위했습니다.《삼국사기》에 따르면 근초고왕의 체격과 외모가 남달리 뛰어났으며 식견이 폭넓었다고 해요. 한반도의 중앙을 관통하는 한강. 이 유리한 지역을 처음부터 선점한 백제는 삼국 중 가장 먼저 전성기를 맞이합니다. 근초고왕은 사방으로 대외 진출을 활발히 합니다. 마한 지역을 전부 병합했을 뿐 아니라 북쪽으로도 진출했어요. 근초고왕은 369년, 371년에 연달아 고구려를 물리친 뒤 결국 평양성에서 고국원왕을 전사시킵니다.

372년에 근초고왕은 동진에게서 '진동장군 낙랑태수'로 책봉받습니다. 국제적으로 존재감을 드러낸 거지요. 근초고왕 이후로도 백제는 중국 남조의 왕조들과 계속해서 교류했습니다. 그런데 위쪽의 육로로 넘어가 북조와 교류하자니 고구려가 떡하니 막고 있잖아요. 그래서 서해를 통해 남조 국가들과 활발히 교류하게 됩니다. 중국 대륙의 남조 국가들도 백제를 중개지로 삼아 한반도나 왜와 교류할 수 있었어요. 백제는 개방적인 국제 교류 환경 속에서 독창적이고 화려한 백제만의 문화를 발전시킬 수 있었어요.

백제 역사상 최대 영토를 확립하고 지배 체제를 정비한 근초고왕은 박사 고흥에게 역사서《서기》를 편찬하게 해서 왕실의 위엄을 드높였습니다. 4세기 후반에는 백제가 왜로 '칠지도七支刀'

를 보냈습니다. 칠지도는 총 7개의 가지가 달린 철검으로, 백제와 왜의 긴밀한 관계를 보여주는 유물입니다.

고대국가의 필수 요소 중 하나인 불교 수용, 백제에서는 언제 이뤄졌을까요? 백제는 384년 침류왕 때 불교를 공식으로 수용했습니다. 백제는 근초고왕 이후에도 동진과 계속 교류하고 있었어요. 어느 날 한 외국인 승려가 동진에 파견됐던 사신을 따라서 백제에 들어오게 됩니다. 침류왕은 그 외국인 승려를 궁궐에 머물게 했는데, 그가 바로 인도 출신 승려 마라난타입니다. 비행기도 없던 시절에 인도에서 중국으로, 또 백제로 머나먼 길을 건너온 마라난타는 부지런히 세상에 불교를 전파하고 다니던 사람이었어요.

점점 내리막길로 달리는
백제의 운명

4세기 후반 고구려 광개토대왕의 등장으로 아쉽지만 백제의 전성기가 벌써 저물기 시작합니다. 백제 아신왕은 고구려의 압박에 맞서 직접 전쟁터에 나가 싸우기도 했지만, 상대가 너무 강했습니다. 396년에 고구려 광개토대왕은 백제의 수도 한성을 포위하며 백제를 압박했어요.

427년에 고구려 장수왕은 남쪽을 노려보며 도읍을 국내성에서 평양으로 옮깁니다. 평양으로 천도한 고구려는 최대의 전성기를 누리고, 남쪽의 백제와 신라는 식은땀을 흘리며 손을 잡아야 했죠. 433년, 백제 비유왕은 신라 눌지왕과 '나제동맹'을 맺었어요. 하지만 백제에 불어닥친 위기의 바람은 그칠 줄을 몰랐죠.

백제 개로왕은 472년, 중원 대륙의 강자인 북위北魏에 편지를 보내서 같이 고구려를 때려눕히자고 설득해보기도 합니다. 하지만 북위 입장에선 받아들이기 힘든 요구였어요. 나날이 덩치가 커지는 맹수 같은 고구려를 섣불리 건드릴 수는 없었으니까요. 이렇게 개로왕의 외교는 실패로 돌아갔는데, 이 일이 오히려 고구려 장수왕을 자극하고 말았습니다.

결국 475년, 백제의 수도 한성이 고구려에 함락됩니다. 개로왕은 성을 빠져나와 탈출하다가 죽임을 당하고 맙니다. 수도를 뺏기고 국왕은 참수당했으니 백제는 절체절명의 위기에 처했지요. 약 500년 동안 찬란한 문화를 이어온 한성 백제의 시대가 끝이 납니다.

위기의 백제,
웅진 시대를 열다

개로왕의 아들 문주왕은 폐허가 돼버린 한성을 뒤로하고 오늘날 충남 공주 지역까지 내려갑니다. 백제의 두 번째 수도, 웅진입니다. 한성을 뺏기고 고구려에 쫓겨 내려왔으니 나라 분위기가 얼마나 어수선했을까요. 당연히 왕권도 추락했겠지요.

백제 귀족은 정권을 자기들 마음대로 좌지우지합니다. 대표적인 귀족 가문이 바로 진씨와 해씨 집안이었어요. 문주왕은 진씨의 견제에 자극받은 해구에 의해 피살당합니다. 아버지 개로왕이 참수당하고, 최악의 시기에 왕위를 이어받고, 웅진으로 부랴부랴 천도해 피살당하기까지. 이렇게 끔찍한 일이 문주왕 재위 3년 동안 연속해서 일어났어요.

문주왕의 뒤를 이은 삼근왕은 15세 어린 나이로 죽고, 동성왕이 즉위합니다. 동성왕은 흔들리는 백제를 안정시켜보려고 노력했어요. 권력을 꽉 쥐고 있는 해씨, 진씨 가문이 아닌 새 귀족들을 등용하기도 했죠. 493년에는 신라의 소지왕과 혼인 동맹을 맺습니다. 신라와 더 끈끈한 관계를 맺고, 내부 귀족 세력의 손아귀에서 좀 벗어나 왕권 강화도 꾀해볼 수 있었어요.

이후 과거 강성했던 백제의 부활을 꿈꾼 왕들이 연이어 나타납니다. 백제 부흥의 아이콘, 무령왕과 성왕입니다. 《삼국사기》에 따르면 무령왕은 팔척장신에 그림 같은 눈매를 가졌으며 성품이 너그러워 민심이 그를 따랐다고 해요. 당시 웅진에서 백제인의 삶은 무척 피폐했어요. 자연재해와 전염병까지 창궐하니 모두 굶어 죽어갔어요. 무령왕은 가여운 백성을 위해 창고를 풀어주며 적극적으로 진휼했습니다. 그리고 고구려와 말갈의 침입도 열심히 물리쳤어요.

또한 국제 교류와 외교도 소홀히 하지 않았습니다. 고대의 무령왕이 잠든 무령왕릉이 당대 활발했던 문화 교류를 증명해줍니다. 예컨대 무령왕릉의 무덤 양식은 남조의 영향을 받은 벽돌무덤이며, 관은 일본산 금송으로 제작되었어요. 무령왕릉에서 출토된 4,600점의 유물은 고대 백제 문화의 우수함을 보여줍니다.

망국의 쓸쓸함이 가득한 사비 시대

백제의 두 번째 수도 웅진은 고구려에 떠밀려 옮겨 간 곳이었지만, 백제의 마지막 수도 사비는 달랐습니다. 538년에 성왕은 백제의 중흥을 꿈꾸며 사비 천도를 강행했어요. 이번엔 철저한 계획하에 이뤄진 천도였지요. 오늘날의 부여 지역이 백제의 마지막 수도로, 사비는 서해로 연결되는 백마강이 있어 교류하기 편리했어요. 남쪽으로는 넓은 평야가 있어 백성들이 살기에도 좋았지요.

성왕은 한때 국호를 남부여로 변경하기도 합니다. 백제의 시조인 온조의 뿌리가 부여 출신 주몽에게 있다는 것을, 백제 왕실은 북방의 강자였던 부여를 계승했음을 선포한 것입니다. 강성한 백제의 부활을 꿈꾸며, 성왕은 정치나 행정제도도 대부분 개편합니다. 신도시를 건설하고 국호까지 바꾸던 성왕의 마음은 얼마나 간절했을까요?

그 마음이 하늘에 닿았는지, 성왕 때 백제는 한강 유역을 비록 잠시뿐이었지만 재탈환하기까지 했습니다. 551년에 백제는 신라와 함께 고구려를 대대적으로 공격해 결국 한강을 차지했던 고구려를 밀어낼 수 있었지요. 신라 진흥왕은 한강 상류 지역을 점령했고 백제 성왕은 거의 100년 만에 한성을 포함한 한강 하류 지역을 되찾을 수 있었어요.

하지만 때는 6세기, 가장 뒤늦게 전성기를 맞이한 신라의 시대였습니다. 553년에는 한강 하류까지 신라가 차지하게 되지요. 성왕은 554년, 충북 옥천 지역에서 벌어진 관산성 전투에서 전사하고 말았습니다. 온 힘을 다해 백제를 일으켜 세우려던 성왕의 죽음은 백제에 큰 슬픔을 가져왔습니다. 이렇게 백제와 신라는 철천지원수가 되었습니다.

백제의 마지막,
의자왕과 삼천궁녀

혼란의 7세기가 열리고, 백제 30대 무왕이 등극합니다. 서동과 선화공주 이야기에 등장하는 주인공이기도 하지요. 무왕은 익산으로 천도해서 새로운 백제시대를 열고자 했어요. 무왕의 꿈은 익산의 미륵사에 남아 있습니다. 미륵사지석탑은 우리나라 최대 규모를 자랑하는 문화유산이지요.

이후 백제의 마지막 국왕, 31대 의자왕이 등극합니다. 의자왕의 이름 뒤에는 늘 삼천궁녀라는 수식어가 따라붙곤 합니다. 방탕하고 부정적인 이미지는 덤이지요. 하지만 사실 의자왕은 처음 15년간은 나라를 잘 다스렸습니다. 삼천궁녀의 전설도 후대에 부풀려진 이야기예요. 의자왕은 백제가 멸망하기 5년 전까지 신라의 성 40여 개를 빼앗고 신라 서쪽을 방어하던 대야성을 함락하며 정복에 힘을 쏟았습니다. 이에 다급해진 신라가 당나라와 연합을 맺습니다. 당나라의 13만 대군과 김유신이 이끄는 신라의 5만 대군이 나당 연합군으로 백제를 향해 출발했습니다. 당황한 백제 내부에서는 의견이 갈립니다.

그러는 동안 김유신의 신라군이 황산벌로 향하니, 5,000명의 결사대를 이끄는 계백 장군이 백제를 지키기 위해 나섰습니다. 계백은 출정하기 전, 사랑하는 부인과 자식을 죽이고 출발했다고 합니다. 계백은 무너지는 백제를 지키기 위해 죽을 각오로 전투에 임했습니다. 그 기세가 얼마나 강했던지, 백제군은 너무나 열세한 병력임에도 불구하고 초반에 4번 승리를 거두고 오히려 신라군의 사기가 떨어집니다.

그러나 신라군의 사기를 다시 끌어올린 이들은 바로 청년 화랑이었어요. 신라 장군의 아들 중에는 '관창'이라는 화랑이 있었습니다. 아버지의 독려에 힘을 내어 적진에 몸을 던진 관창은 백제군에 붙잡혔지요. 계백은 비록 적군이지만, 어린 소년의 용맹

국보로 지정된 익산 미륵사지석탑의 전경. 미륵사는 현재 터만 남아 있다.

함에 탄복하여 차마 죽이지 못한 채 돌려보냅니다. 그러자 관창
은 마치 목숨이 2개인 사람처럼 또다시 적진에 뛰어들었어요. 또
다시 잡혔을 땐, 더 이상 관용은 없었지요. 관창의 머리를 베어
말 안장에 매달아 돌려보냈더니, 조국을 지키겠다며 물불 안 가
리는 화랑들의 기개에 불이 붙습니다. 각성한 신라군이 총공격
을 퍼붓자 결국 백제는 수적 열세를 극복할 수 없었고, 계백은

백제의 계백 장군이 신라와 맞붙은 황산벌 전투를 그린 그림.

전쟁터에서 장렬히 전사했어요. 660년에 사비성이 함락되면서, 백제는 역사의 뒤안길로 사라졌습니다.

검소하면서 화려한
백제 문화의 정수

웅진과 사비는 백제 고난의 시기와 망국의 슬픔을 담은 도시입니다. 그러나 한편으로 웅진과 사비에서 발견된 문화유산은 오늘날 우리를 고대 백제와 연결해주지요. 1993년에 부여 능산리에서 금동대향로가 발굴됐습니다. 백제 금동대향로에 새겨진 예술혼은 눈을 뗄 수 없을 정도로 아름답고 섬세하지요. 중국의 향로인 박산로와 비교해보면 바로 알 수 있습니다. 백제의 미감이 얼마나 뛰어났는지 말이지요.

'검이불루 화이불치', 검소하되 누추하지 않고, 화려하되 사치스럽지 않다.《삼국사기》의 저자 김부식이 백제의 미학을 평가한 문장입니다. 백제는 역사 속으로 사라졌지만 그 아름다운 숨결은 한반도는 물론 일본에도 남게 되었어요.

백제는 왜에 불교문화와 건축 기술, 천문이나 의학 등 여러 학문까지 전수해주었지요. 일본 최초의 본격적인 사찰이라 불리는 아스카데라는 백제 장인들의 지도하에 세워졌습니다. 그 전까지만 해도 왜는 집이든 궁궐이든 나무껍질을 지붕에 덮는 방식으로 건축했는데, 백제의 최첨단 건축 기술이 이식된 것입니다. 백제의 영향으로 6~7세기 일본에서는 찬란한 아스카문화가 꽃피우게 되었어요. 백제의 건축 기술은 삼국 중에서도 단연 으뜸이었습니다.

예컨대 신라 선덕여왕 때 세운 82미터짜리 거대한 '황룡사구층목탑'은 신라를 중심으로 주변 9개국을 제압하겠다는 의지를 담은 탑이었어요. 이 탑을 어떻게 세울지 신하들과 논의할 때도 백제가 언급됐습니다. 신라에는 그렇게 거대한 건축물을 세울

백제 예술의 정수를 보여주는
국보 제287호 백제 금동대향로.

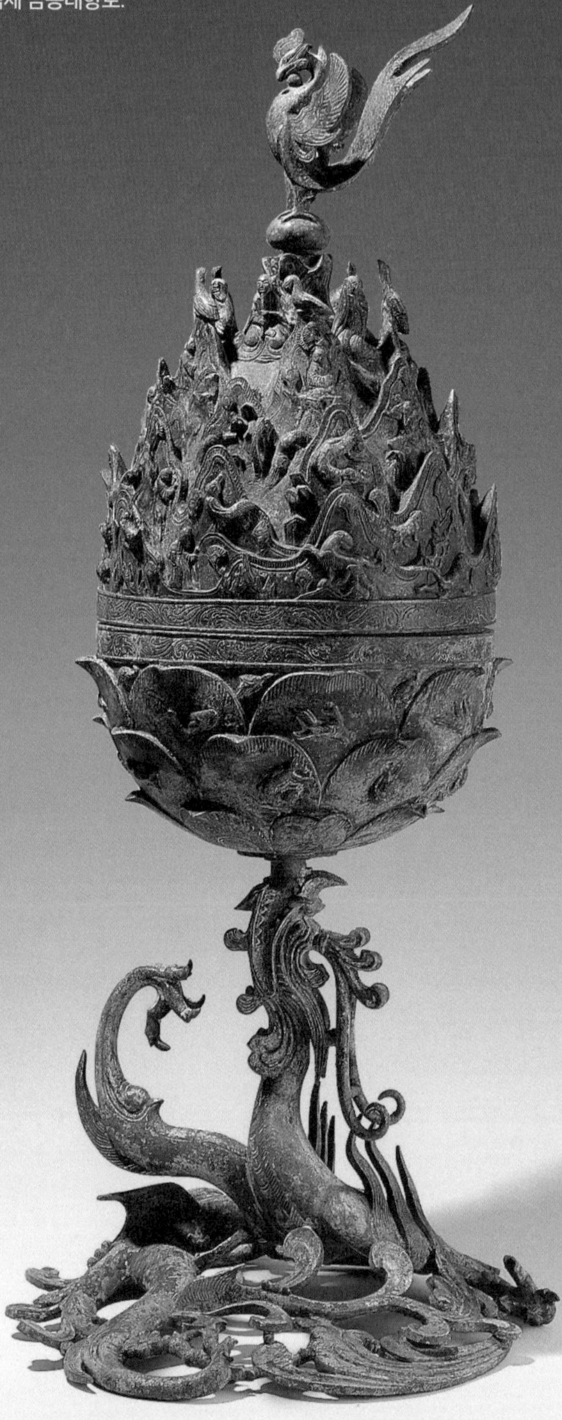

장인이 없었던 것으로 볼 수 있지요. 결국 백제의 장인을 초청해 기술을 지원받아 건설할 수 있었음을 알 수 있습니다.

오늘날 충남 공주와 부여에는 백제 역사 유적지구가 조성돼 있습니다. 백제의 대표적인 유산들이 유네스코 세계유산으로 등재됐지요. 찬란했던 백제 문화를 가까이서 느끼고 싶다면, 충남으로 백제 여행을 떠나보면 어떨까요?

PART 02

삼국 통일의
대업을 이룬 신라

신라
통일신라
가야
발해

◉ 신라 주요 사건 연표 ◉

기원전 57년	혁거세 거서간이 경주에 신라 건국
4년	남해 차차웅 즉위
24년	유리 이사금 즉위
512년	신라의 이사부가 우산국을 병합
514년	법흥왕 즉위, 불교 공인
520년	율령 반포
532년	금관가야 병합
540년	진흥왕 즉위
562년	대가야 병합
632년	선덕여왕 즉위, 첨성대 건립
648년	신라와 당나라가 연합 결성
676년	신라가 당나라 군대를 무찌르고 한반도 남부 통일

가장 늦게 전성기를 맞이했지만
최후의 승자가 되다

한반도에서 가장 오랫동안 존속한 나라는 어디일까요? 1,000년 간 영화를 누린 고대국가 신라는 진한의 소국 중 하나였던 사로 국에서 시작됩니다. 신라의 시조 박혁거세는 여섯 촌장의 추대 를 받아서 기원전 57년, 사로국의 왕이 되었어요. 이때 나라 이 름은 서라벌, 사로 등으로 불렸고 왕에게는 '거서간'이라는 호칭 을 썼습니다.

그러다 서기 4년, 박혁거세의 아들이 남해왕이 되는데 이때 왕은 무당을 뜻하는 '차차웅'으로 불렸어요. 신라 3대 유리왕이 24년에 왕위에 올랐을 때는 '이사금'이라는 칭호를 썼는데, 이때 이사금은 잇자국을 뜻합니다. 치아 개수가 많은 연장자가 왕위를 계승했다고 해서 붙은 호칭이지요.

아직 부족 연맹왕국 수준인 시기라 박씨, 석씨, 김씨가 번갈아 왕위를 이었습니다. 5대 파사왕 때는 주변 소국을 병합하며 고대국가의 기틀을 잡아갔어요. 초기에는 박씨와 석씨 계열이 주로 왕위에 올랐는데, 17대 내물왕 대부터는 줄곧 김씨가 왕위를 차지하게 됩니다.

나라의 기틀을
다진 법흥왕

내물왕 때 신라에 왜군이 쳐들어오자 고구려의 광개토대왕이 지원군을 보내줍니다. 그 덕에 신라는 위기에서 벗어났지만, 고구려의 내정 간섭을 받게 되었어요. 21대 소지왕 때는 나라가 안팎으로 고달팠습니다. 나라에 천재지변이 닥친 가운데 고구려와 말갈이 북쪽을 휘저었고, 왜군은 해안가로 쳐들어와 온갖 약탈을 일삼았습니다. 게다가 고구려는 427년에 평양으로 수도를 옮긴 뒤로 남진 정책에 열을 올리고 있었어요. 고구려가 전성기를 맞은 5세기, 신라 소지왕과 백제 동성왕은 고구려에 맞서기 위해 나제동맹으로 뭉칩니다.

6세기로 진입하면서 신라는 드디어 어깨를 펴기 시작합니다.

국력을 키우는 시작점에서 국가의 기강을 잡은 왕은 22대 지증왕이에요. 지증왕 때 국명이 신라로 확정되고 비로소 왕이라는 호칭을 쓰게 됩니다. 더 이상 마립간 같은 신라식 호칭은 사용하지 않게 되었지요. 내부 체제를 정비하고 국내에 주, 군, 현을 설치합니다. 512년에는 이사부가 울릉도 지역에 있던 부족국가인 우산국을 정벌하기도 했지요.

그리고 514년, 법흥왕이 23대 왕으로 등극합니다. 지증왕의 배턴을 넘겨받은 법흥왕은 중앙집권 체제를 완성했는데, 현재의 국방부와 같은 병부를 설치하고 율령을 반포했으며, 관리의 관복 색상으로 등급을 구분했습니다. 국가의 군대와 법이 생기고 관직이 정리되면서 체계가 척척 잡혀갔지요. 534년에는 '상대등'이라는 벼슬을 새로 만들어서 나랏일을 총괄하게 했는데, 상대등은 귀족 회의의 우두머리로 오늘날 총리와 같은 최고위 관직이었습니다.

법흥왕은 안으로 과감히 개혁을 펼치면서 바깥으로 영토까지 확장했어요. 532년에 금관가야가 신라로 병합되었지요. 법흥왕의 가장 유명한 업적은 누가 뭐라 해도 불교 공인일 겁니다. 이미 눌지왕 때 승려 묵호자가 들어온 이후로 신라에 불교가 퍼져 있긴 했는데, 전통적으로 토속신앙을 믿고 있던 데다 귀족들의 거부감도 컸습니다. 그러나 이차돈의 순교 덕분에 법흥왕이 불교를 공인하고, 국가에서 공식 인정한 불교는 왕권을 받쳐주는 새로운 이념이 되었습니다. 《삼국유사》에는 이차돈의 순교 과정이 자세히 기록되어 있습니다.

대왕이 위엄을 갖추고 무시무시한 형구를 벌려놓고 군신을 불러 물었다. "내가 절을 지으려고 하는데 그대들은 일부러 못 하게 하는가." (중략) 왕이 이차돈을 불러 문책하였다. 이차돈은 얼굴색이 변하여 아무 말도 못 하였다. 대왕이 분노하여 목을 베라고 명하였다. 옥리가 목을 베자 흰 젖이 한 길이나 솟았고, 하늘이 침침하여 햇빛이 흐려지고 땅이 진동하고 하늘에서 꽃이 내려왔다. 왕은 슬퍼하여 곤룡포를 적시었고 재상들은 놀라서 땀이 관까지 내번지었다.

한강을 차지하며
전성기를 이끈 진흥왕

법흥왕 다음으로는 신라의 명실상부한 전성기 왕, 진흥왕이 등장합니다. 진흥왕은 불교에 토속신앙을 더한 대대적인 행사를 열었는데, 이것이 바로 '팔관회'입니다. 모두가 함께 즐기던 팔관회를 통해 불교는 호국 종교로 자리 잡게 됐고 그 속에서 신라인들이 함께 뭉칠 수 있었어요.

백제 성왕이 관산성 전투에서 전사하면서 한강 일대의 주도권은 신라가 장악하게 됩니다. 진흥왕은 백제와 연합해 덤빈 대가야를 정복해서 가야의 종말을 고했고, 옛 옥저와 동예 땅까지

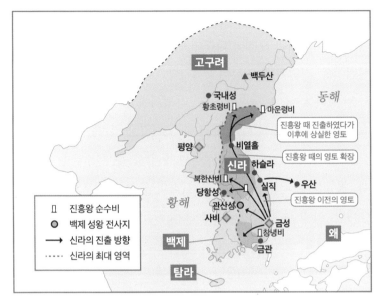

신라 전성기 시대의 영향력을 보여주는 지도.

차지해서 영토를 대폭 넓혔습니다. 하늘을 뚫어버릴 기세의 진

흥왕은 정복지를 돌아보면서 창녕, 북한산, 황초령 등에 진흥왕

순수비를 세웠어요. '순수巡狩'란 왕이 나라를 두루 살피며 돌아

다니는 것을 의미합니다.

또한《삼국사기》에는 진흥왕 때 화랑제도가 시행됐다고 전하

는데, 청년 집단인 화랑도에서 인재가 많이 배출되어 국가 발전

에 이바지했습니다. 그 외에도 거칠부에게 국사를 편찬하게 했

으며, 신라 최대 사찰인 황룡사를 지었습니다.

진흥왕 이후 632년에는 진평왕의 딸이 한국사상 최초의 여왕

으로 등극합니다. 신라 27대 선덕여왕입니다. 한국사에서 여왕이 출현한 국가는 오직 신라뿐이에요. 신라의 여왕은 총 3명으로 선덕여왕, 진덕여왕, 진성여왕입니다.

여왕과 더불어 '골품제'는 신라에서만 볼 수 있는 특징이에요. 골품제는 혈통에 따라 골과 품으로 급을 정하는 신라 특유의 신분제도입니다. 신라가 성장하면서 점차 주변 소국을 병합할 때, 병합한 소국들의 지배층을 신라의 중앙 귀족으로 편입시켰습니다. 이때 각각의 세력에 따라 등급을 정하면서 골품제가 발전한 거지요. 골품제의 최고 신분은 성골과 진골이고, 그 밑에는 6두품부터 1두품까지 6등급으로 나뉘었어요. 신라에서는 원래 성골만이 왕위에 오를 수 있었는데, 더 이상 성골 남성이 없었으므로 화백 회의에서 진평왕의 딸 덕만을 여왕으로 추대한 것입니다.

신라 하면 떠오르는 대표적인 여왕인 선덕여왕은 첨성대를 세웠는데, 무려 1,500여 년이 지난 현재까지도 보존되고 있습니다. 고대국가에서 하늘을 살피고 날씨를 예측하는 것은 아주 중요한 일이었지요. 또한 선덕여왕은 80미터에 이르는 황룡사구층목탑을 세웠는데, 9층인 이유는 주변 9개 외적의 침입을 막기 위해서였다고 전해집니다.

당태종은 신라가 여인을 왕으로 섬기니 주변국이 업신여기는 거라며 무시하기도 했지만, 선덕여왕은 당나라와 관계를 돈독히 하려고 노력했습니다. 한반도에선 시도 때도 없이 전쟁이 터졌

신라 김춘추가 참모들과 함께 작전 회의를 하는 모습을 그린 그림.

고, 백제의 공격이 절정에 달하면서 신라는 대야성을 함락당하고 말았어요. 마음이 급해진 선덕여왕이 고구려에 김춘추를 보내 도움을 청했어요. 고구려 연개소문은 죽령 서북 땅을 다시 내놓으면 도와주겠다고 합니다. 김춘추는 거절할 수밖에 없었어요. 감금됐던 김춘추는 간신히 탈출해 신라로 돌아올 수 있었습니다.

혼란 속에서 신라의 명장 김유신은 전쟁터를 휘젓고 다니며 활약했습니다. 647년, 상대등이었던 비담이 선덕여왕의 뒤통수를 치며 반란을 일으켰을 때도 김유신이 반란 진압에 큰 공을 세

우면서 입지를 다졌어요. 그 와중에 선덕여왕이 죽고, 사촌 동생
이 28대 진덕여왕으로 등극합니다. 백제와 고구려의 쉴 새 없는
공격에 어지러웠던 신라는 어떻게든 살길을 찾아냅니다. 결국
648년, 신라는 당나라와 연합을 맺었어요. '나당 연합'이 결성된
것입니다.

나당 연합군,
삼국 통일을 이루다

나당 연합군은 660년에 백제를 멸망시켰는데, 이때의 공으로
김춘추가 왕위에 오릅니다. 그가 바로 태종 무열왕입니다. 그동
안 신라에선 오직 성골만이 왕위를 이을 수 있었는데, 태종 무열
왕은 최초의 진골 출신 왕이었습니다. 무열왕의 아들인 문무왕
이 즉위한 뒤에 나당 연합군은 고구려를 멸망시켰지요.

하지만 삼국을 통일한 신라에는 아직 중대한 숙제가 남아 있
었어요. 애초에 당나라는 고구려 정벌로 만족할 생각이 없었습
니다. 이미 백제와 신라 땅에 도독부를 설치해서 당나라 정복지
취급을 하고 있었지요. 이제 멸망한 고구려 땅에도 안동도호부
가 설치되자 나당 연합은 산산조각이 나고 신라와 당나라의 전
쟁이 터졌습니다. 이때 고구려 유민들은 굴복하지 않고 고구려
부흥 운동을 벌였지만 끝내 실패했어요.

7년간의 전쟁 끝에 결국 신라는 당나라 군대를 몰아내고 삼국을 통일합니다. 신라의 삼국 통일 과정은 당나라의 지원을 받아 이루어졌고, 고구려의 광대한 영토 중 대동강 이남 지역만을 통합하는 데 그쳤다는 점에서 아쉬움을 남기기도 합니다. 하지만 신라의 삼국 통일로 인해 이전까지 각기 다른 나라로 분열돼 있던 한민족이 하나의 문화적 공동체를 이룰 수 있었던 점에서 신라의 삼국 통일은 한국사의 중요한 전환점 중 하나로 기억됩니다.

통일신라 주요 사건 연표

681년	신라 신문왕 즉위
682년	국학 설립
685년	9주 5소경 설치
689년	녹읍 폐지
722년	정전 지급
751년	불국사, 석굴암 건립
771년	에밀레종 완성
822년	김헌창의 난 발생
828년	장보고가 청해진 설치
839년	신무왕 즉위
846년	장보고 염장에 의해 암살
861년	경문왕 즉위
887년	진성여왕 즉위
889년	원종·애노의 난
897년	효공왕 즉위

한반도 최초의
통일을 이룬 통일신라

문무왕이 삼국을 통일한 뒤, 신라는 더 넓은 땅과 많은 백성을 다스리게 됐어요. 불완전한 통일이라고 평가받지만, 신라가 삼국을 통일하면서 영토가 이전보다 2배 이상 넓어지며 더 강력한 국가로 도약할 수 있게 됩니다. 681년에는 신문왕이 아버지의 뒤를 이었습니다. 통일 왕국의 출발점에 선 신문왕이 전성기의 기틀을 잘 다진 덕분에 앞으로 약 1세기간, 통일신라는 눈부신 번영을 이룩하게 됩니다.

신문왕이 나라의 모든 근심 걱정을 잠재우는 신비한 피리를 얻었다는, 일명 만파식적 설화도 유명합니다. 이 이야기는 삼국

사적 제158호 문무대왕릉은 자연 바위를 이용하여 만들었다. 수면 아래에는 남북으로 길게 놓인 넓적한 거북 모양의 돌이 덮여 있는데, 이 아래에 문무왕이 잠들어 있을 것으로 추정한다.

통일의 업적을 이룬 문무왕으로 거슬러 올라갑니다. 문무왕은 죽어서도 용이 되어 신라를 지키겠다며 동해 한가운데 있는 바위섬에 묻힙니다. 신문왕은 호국의 용이 된 아버지 문무왕을 위해 감은사를 지어 소중히 모셨지요.

어느 날 용이 된 문무왕이 나타나더니 신문왕에게 검은 대나무를 주었다고 해요. 그 대나무로 피리를 만들어 불면 만 가지 파도와 같은 근심 걱정을 잠재운다고 하여 '만파식적萬波息笛'이라 불렀다고 합니다. 만파식적 설화를 통해 당대 신라 사람들이 태평성대를 바라던 마음을 엿볼 수 있어요. 실제로 신문왕은 수많은 업적을 남기며 나라를 안정시킨 왕으로 평가됩니다.

신라의 왕권을
강화한 신문왕

신문왕은 왕이 되자마자 장인이었던 김흠돌의 반란을 진압했어요. 반란을 명분 삼아 즉위 초부터 정적들에게 피의 숙청을 가하며 매운맛을 보여줬지요. 또한 신라 최고의 국립 교육기관인 국학을 세웠어요. 국학에서 유학 교육을 통해 국가와 국왕에 충성을 다하는 인재를 기를 수 있었죠.

신문왕은 넓어진 국토를 효율적으로 관리하기 위해 '9주 5소경' 제도를 완성했어요. 통일 전부터 신라 수도였던 서라벌(경주)

은 너무 아래쪽에 치우쳐 있었잖아요. 그 한계를 극복하기 위해 오늘날의 충주, 청주, 원주, 남원, 김해 지역에 5개의 소경을 만들고 왕족이나 귀족을 보낸 것입니다. 이렇게 중앙정부에서 지방을 직접 통제하면서 중앙집권 체제가 강화되었어요.

왕권을 강화하고 귀족의 힘을 누르는 작업은 이것만이 아니었습니다. 신문왕은 신하들에게 녹읍을 폐지하고 관료전을 지급했어요. 녹읍은 수조권에 노동력 징발권까지 포함됐다면, 관료전은 수조권만 주는 제도였습니다. 여기서 수조권은 세금을 걷을 권리를 뜻합니다. 이때는 아직 화폐가 통용되기 전이라 신하들 월급을 돈 대신 수조권으로 주었지요. 이렇게 녹읍을 폐지한 것은 귀족의 경제적, 군사적 기반을 약화하는 조치였습니다.

피 터지는
왕위 쟁탈전의 시작

한편 698년, 대조영이 발해를 건국합니다. 남쪽에서 삼한을 통일한 신라와 북쪽에서 고구려를 계승한 발해가 공존한 7세기 후반에서 10세기 후반, 가끔 왜구가 쳐들어오긴 했지만 비교적 평화가 이어졌습니다. 하지만 경덕왕이 왕위에 오를 때쯤엔 귀족들의 누적된 불만이 조금씩 튀어나오고 있었어요. 경덕왕 때 녹읍이 부활했다는 것만 봐도 바로 눈치챌 수 있지요.

신라 경덕왕 10년(751)에 당시 재상이던 김대성이 창건을 시작해 혜공왕 10년(774)에 완성한 석굴암의 본존불.

　　귀족들이 꿈틀꿈틀하던 시기였지만 그래도 경덕왕은 비교적 안정적으로 왕권을 유지했어요. 무엇보다 경덕왕은 통일신라 최고의 걸작을 남긴 왕이에요. 예컨대 재상 김대성이 세운 석굴암과 경덕왕 때 짓기 시작해 혜공왕 때 완성한 불국사는 유네스코 세계문화유산에 등재됐지요.

　　이렇게 눈부신 문화적 성취를 이룬 경덕왕은 왕위를 물려줄 자식이 없었어요. 그래서 왕비를 내쫓고 만월부인을 새로 들여서 드디어 아들을 낳게 됩니다. 그 아들이 바로 36대 혜공왕입니다. 이때까지만 해도 그의 어린 아들이 신라 몰락의 아이콘이 되리라곤 누구도 생각하지 못했을 거예요. 8세짜리 왕과 태후 만월부인의 섭정 아래 귀족들의 반발은 점점 더 격렬해졌어요. 툭하면 반란이 터지고 주동자를 처형하길 반복하다가, 결국 혜공왕까지 살해당합니다. 이것이 본격적인 비극의 서막이었어요.

혜공왕을 죽이고 37대 선덕왕이 즉위합니다. 태종 무열왕부터 혜공왕까지, 126년 동안 모두 무열왕 계열이 쭉 왕위를 이었는데, 선덕왕은 내물왕의 후손이었어요. 귀족들 사이에선 묘한 분위기가 흘렀어요. 왕의 직계가 아니어도 왕이 될 수 있다면, 나도 왕이 될 수 있겠다는 욕심이 생긴 것입니다. 이렇게 피 터지는 왕위 쟁탈전이 시작됩니다. 150여 년 동안 20명이 넘는 왕이 즉위했다니 이때의 혼란스러움이 상상이 가나요?

중앙에서 왕위 쟁탈전이 일어나며 정세가 어지러워지자, 지방에서는 각종 난이 일어납니다. 조카 애장왕을 살해하고 왕이 된 헌덕왕 때는 김헌창의 난이 일어났어요. 김헌창은 충남 공주 지역에 위치한 웅천주의 장관인 도독都督이었어요. 그동안 별별 반란이 많았지만, 특히 김헌창의 난이 눈에 띄는 이유가 있습니다. 김헌창은 스케일이 남달랐거든요. 웅천주에서 새 나라를 세우더니 국호는 장안, 연호는 경운이라고 선포까지 했습니다. 하지만 관군에게 빠르게 진압되며 결국 김헌창은 마지막 순간 자결하고 말아요. 이렇게 각종 봉기와 난은 작은 실개천처럼 모여 역사의 물줄기를 조금씩 바꾸기 시작합니다.

삼각무역을 주도한
해상왕 장보고의 활약

중앙정부가 통제력을 잃은 가운데 서해안에는 해적이 수시로 나타났습니다. 신라인을 납치해서 당나라에 노비로 팔아넘기고 약탈을 일삼았어요. 장보고는 본래 미천한 출신이라 신라의 골품제 사회에선 재능을 맘껏 펼칠 수 없었습니다. 그래서 당시 세계의 중심이던 당나라로 넘어가 군인 신분으로 성공을 이뤘죠. 당나라는 중원 대륙의 역대 주인 중에서도 가장 개방적이고 국제적인 나라였어요. 이런 환경에서 장보고는 세상을 넓게 보는 안목을 키웠지요.

828년에 신라로 귀국한 장보고는 흥덕왕에게 해적을 소탕하자고 건의합니다. 이에 흥덕왕은 장보고에게 1만 명의 군사를 징발하도록 허락하며 '청해진 대사'라는 벼슬도 내려줬어요. 장보고는 해상교통의 요충지인 완도에 청해진을 설치합니다. 군사력을 갖춘 장보고는 청해진에서 해적을 깨끗이 소탕하더니, 더 나아가 당나라와 일본을 잇는 삼각무역까지 주도하기 시작해요. 시대를 한참 앞서가며 성공을 일궈낸 장보고는 국제적인 영향력을 미치며 엄청난 부를 축적했어요.

장보고가 해상왕으로 활약하는 동안 조정에서는 피비린내 나는 왕위 쟁탈전이 또 이어졌습니다. 귀족들은 장보고에게 군사 지원을 받기도 했는데, 장보고의 도움을 받은 인물이 왕이 된 경우도 있어요. 막대한 영향력을 갖게 된 장보고는 골품제의 벽을 뚫고 중앙 정계에 발을 들이려는 꿈을 꿉니다. 하지만 결국 시대적 한계에 부딪히고 말았어요. 중앙 귀족은 장보고의 세력이 더이상 팽창하길 원치 않았습니다. 결국 846년, 장보고는 중앙 귀족이 보낸 자객에게 암살당합니다. 그 자객은 한때 장보고가 믿었던 부하였어요.

　장보고가 쏘아 올린 공으로 지방 각지에선 호족이 들고 일어나기 시작합니다. '호족豪族'은 지방에서 독자적인 세력을 가진 집단을 뜻합니다. 모래성 같던 중앙정부의 힘이 와르르 무너진 것은 진성여왕 대였어요. 진성여왕은 삼촌인 위홍과 사랑에 빠져 정을 통했고, 위홍이 죽은 뒤에는 젊고 아름다운 남자들을 궁에 끌어들였다고 해요. 이러한 후대의 기록은 진성여왕을 음란한 이미지로 그려냈지만, 사실 골품제 사회에서 혈족간의 관계는 오늘날처럼 금기시되는 문제는 아니었어요. 왕이 후사를 위해 여러 이성과 관계 맺는 것 또한 문제 될 것은 없었지요.

　진짜 문제는 여왕의 남자들이 요직을 꿰차고 앉아 국정을 도맡았다는 점이었습니다. 혜공왕 대부터 위태롭던 조정의 기강은 더욱 문란해졌어요. 나라가 어수선한 와중에 세금이 제대로 걷힐 리가 만무하지요. 나라의 창고가 텅텅 비자 귀족들은 가난한 농민들만 쥐어짰으며, 온 나라에 도적이 들끓었습니다. 악순환의 굴레가 이어지던 중에, 조정에서 보낸 관군은 원종과 애노의 난도 제대로 진압하지 못했어요. 이로써 신라의 중앙정부는 지방을 통제할 능력을 완전히 잃은 것입니다.

신라를 개혁하려는
최후의 몸부림

이때 몰락하는 신라를 개혁하려는 인물이 있었으니, 바로 최치원입니다. 6두품 집안 출신인 최치원은 어릴 때부터 글을 빨리 익히며 학문에 두각을 드러냈어요. 하지만 골품제 사회에서 6두품이 오를 수 있는 벼슬엔 한계가 있었죠. 그래서 최치원의 아버지는 더 넓은 세상에서 재능을 펼치길 바라며 핏덩이 같은 12세짜리 아들을 당나라로 유학 보냅니다. 당나라에는 빈공과라는 외국인 전형 과거 시험이 있었거든요. 당나라로 떠나는 배를 타기 전 최치원의 아버지는 이렇게 말했어요.

"10년 안에 과거 급제를 하지 못하면 내 아들이라고 하지도 마라. 나도 아들이 있었다고 말하지 않겠다."

최치원은 아버지의 기대에 부응하기 위해 뾰족한 가시로 살을 찔러가며 독하게 공부했어요. 마침내 6년 만에 빈공과에서 장원 급제해 벼슬까지 얻었지요.

자신의 힘으로 출세한 최치원은 황소의 난 때 '토황소격문'을

6두품의 한계를 스스로 극복한 인물인 최치원을 상상해 그린 그림.

써서 명성을 떨치기도 합니다. 이 글에 얽힌 설화로 난을 일으킨 당사자인 황소가 읽다가 너무 놀라 침상에서 굴러떨어졌다는 것으로 유명하지요. 그러다 그는 884년에 조국으로 돌아와 894년에 '시무십여조時務十餘條'를 올렸어요. 여기엔 신라가 당장 시행해야 할 조항이 적혀 있었죠. 이에 진성여왕은 기뻐하며 6두품에게 줄 수 있는 최고의 관등, 아찬을 내려줍니다.

하지만 최치원의 꿈은 결국 중앙 귀족들의 거센 반발에 부딪혀 좌절되고 말았어요. 시기 질투를 받던 최치원은 스스로 관직에서 물러나 산과 바닷가를 떠돌며 시를 쓰다 어느 날 홀연히 사라졌어요. 이렇게 신라는 나라를 뜯어고칠 기회를 영영 놓쳤습니다. 한국사의 마지막 여왕 진성여왕은 897년, 국정을 파탄 낸 책임을 지고 스스로 하야합니다.《삼국사기》에는 이렇게 기록되어 있어요.

"근년 이래 백성이 곤궁하고 도적이 벌떼처럼 일어나니, 이는 내가 부덕한 탓이다. 어진 이에게 왕위를 넘겨주기로 나의 뜻은 결정되었다."

삼국 통일의 빛바랜 영광을 뒤로한 채, 어느덧 한반도는 각지에서 지방 호족이 할거하는 후삼국시대로 접어듭니다.

✸ 가야 주요 사건 연표 ✸

42년	김수로 금관가야 건국
209년	포상팔국 전쟁
400년	고구려 광개토대왕 남정
479년	대가야 하지왕 중국 남제에 사신 파견
481년	나제동맹과 고구려 말갈의 공격 격퇴
521년	금관가야 구형왕 즉위
522년	대가야 이뇌왕 신라와 결혼 동맹
532년	금관가야 신라에 멸망
551년	우륵 가야금 연주
554년	백제와 연합해 신라 공격
561년	아라가야 신라에 멸망
562년	대가야 신라에 멸망

철기 문화의
정수를 보여준 가야

고대 한반도의 삼국시대에는 고구려, 백제, 신라 외에도 독립된 세력이 하나 더 있었습니다. 철의 왕국이라 불리는 베일 속의 나라, 가야입니다. 가야는 10여 개의 소국으로 구성된 연맹왕국인데, 삼국과 달리 중앙집권적 고대국가 단계까지 발전하지 못한 채 사라졌습니다. 그래서 고구려, 백제, 신라에 비해 인지도가 낮고 알려진 바가 많지 않지요.

그러나 가야는 오랜 기간 삼국과 어깨를 나란히 하며 외국과도 활발히 교류했고, 그들만의 독창적인 문화도 창조했습니다. 대개 임나일본부설 논란으로만 얽히며 이방인 취급받아온 가야

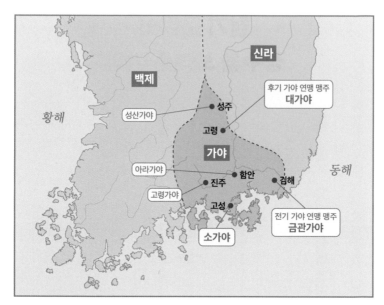

가야의 영향력을 보여주는 지도.

의 이야기를 짧게나마 만나볼까요?

가야의
건국 설화

한반도 남부 변한 지역에는 구지봉이라는 작은 봉우리가 있었습니다. 어느 날 구지봉에서 이상한 소리가 들렸어요. 9개 마을의 우두머리가 구지봉으로 모였더니 하늘에서 목소리가 들렸고, 노래를 부르며 춤을 추면 왕을 만날 것이라고 말했습니다.

"거북아, 거북아, 머리를 내어라. 내놓지 않으면 구워서 먹으리."

이 노래가 가야 건국 설화에 등장하는 구지가입니다. 모두가 기뻐하며 노래하고 춤추자 하늘에서 금으로 만든 상자가 내려왔어요. 상자 속에 있던 황금알 6개에서 각각 아이가 태어났는데, 그중 제일 먼저 모습을 드러낸 이가 김수로입니다. 김수로는 금관가야의 왕이 되어 나머지 소국들을 이끌었어요.

가야의 건국 설화를 통해 가야는 이주 세력과 김해 토착 세력이 함께 세운 나라임을 알 수 있습니다. 변한 사회의 토착민이던 9개의 세력이 6명의 유이민을 받들어 6개의 소국, 가야를 이룬 것이지요. 가야의 역사는 크게 전기 가야연맹과 후기 가야연맹으로 나눕니다. 전기 가야연맹을 주도한 것은 금관가야이고 후기 가야연맹을 주도한 것은 대가야였어요.

약 500년간 한반도 남부에서 존속한 가야는 철의 강국이었습니다. 변한 때부터 문명의 바탕을 이루는 귀한 철 자원이 선물처럼 깔려 있었어요. 가야의 가장 큰 성장 동력은 철기였고 가야인은 철제 도구 제작의 고수였습니다. 우수한 철제 농기구는 농업 생산력을 끌어올려주었습니다.

게다가 철제 무기와 투구, 철갑옷과 같은 가야의 유물을 보면 전장에 나서는 용맹한 가야 전사들이 눈앞에 그려질 듯합니다.

가야의 수준 높은 철기 문화를
보여주는 유물.

가야에서는 주로 얇고 길게 가공한 철판을 이어 붙인 판갑옷을
제작했어요. 게다가 철기 문명의 꽃이라 불리는 말 갑옷까지 만
들었습니다. 철제 갑옷을 자칫 무겁게 만들었다간 실전에서 입
어보지도 못하고 무용지물이 됐을 겁니다. 그만큼 가야의 기술
력이 굉장히 좋았다고 볼 수 있지요.

흥미로운 점은 가야에 여전사가 있었다는 점이에요. 김해에
있는 대성동 고분군에서 20~30대로 추정되는 여성의 뼈가 발견
됐는데 튼튼한 다리근육의 소유자였어요. 이들은 철갑옷과 철제
투구로 무장한 가야의 여전사들이었습니다. 고대 한반도 남부를
누비던 여전사라니, 철의 왕국다운 흔적이지요. 가야의 철제도구
는 주변 나라에서도 인기가 많았습니다. 특히 가야는 남해안과

맞닿아 있어서 주변국과 물길을 통해 교류하기도 좋았어요.

가야의 성장과
활발한 국제 교류의 시작

　활발한 국제 교류로 성장한 전기 가야시대에는 어떤 일들이 있었을까요? 가야에 큰 타격이 된 사건이 바로 낙랑군과 대방군의 소멸이었습니다. 313년에 고구려 미천왕이 낙랑군을 축출하고 314년에는 대방군까지 멸망시켰지요. 낙랑군과 대방군이 가야의 큰 교역 상대였던 만큼 가야는 당황할 수밖에 없었어요. 상황이 달라졌으니 국제관계에도 변화가 일어납니다.

　4세기에는 전성기를 맞이한 백제가 고구려 고국원왕까지 전사시키며 한반도의 패권 싸움이 뜨겁게 달아올랐습니다. 가야역시 생존을 위해 새로운 국제관계를 형성하게 되었어요. 서로의 이해관계에 따라 가야는 왜와 함께 백제 라인에 줄을 섭니다. 하지만 이것은 별로 좋은 선택이 아니었어요. 4세기 후기로 달려갈수록 대세는 고구려로 넘어갑니다.

　백제는 신라를 먼저 공략한 뒤 고구려를 치기로 결심했어요. 백제·가야·왜 연합군이 신라를 공격하자 신라는 고구려에 구원을 요청했죠. 때는 400년, 광개토대왕이 남쪽으로 5만 기병을 보내 신라를 도와주니 백제·가야·왜 연합군은 괴멸당하고 말았습니다. 이때 타격을 심하게 입은 금관가야는 더 이상 소국들을 이끌 힘이 없었어요. 구심점을 잃은 가야 소국은 모두 흩어졌습니다. 1세기부터 이어진 전기 가야시대가 저문 것입니다.

한편 파란만장했던 4세기에 왜가 한반도에 군대를 파견한 사실이 왜곡되고 부풀려져 임나일본부설의 재료가 되기도 했습니다. 가야에 대해 꼬리표처럼 붙어 다니던 논란이지요. 임나일본부설에서 '임나'는 가야를 지칭합니다. 4~6세기 고대 일본이 '임나' 지역에 '일본부'라는 통치기구를 설치해서 한반도 남부 지역을 지배했다는 주장이에요. 이 주장에 대한 근거로 제시된 것은 《일본서기》와 광개토대왕릉비문, 칠지도 등이 있어요. 하지만 신뢰할 수 있는 명확한 증거는 없습니다.

당시 국제관계를 봐도 오히려 문화 수준이 높은 백제가 일본에 한자, 유교, 불교, 건축, 미술과 같은 각종 문화를 전파해주면서 고대 일본 문화가 발전했지요. 더구나 한반도 남부를 200년이나 식민 통치한 것이 사실이라면 그토록 중대한 내용이 한국, 중국 역사서에 단 한마디 언급이라도 있었을 겁니다. 뜨거운 논란과 함께 한국과 일본 학자들의 공동연구가 이루어졌어요. 2010년에 '한일역사공동연구위원회'는 임나일본부설에 근거가 없다는 결론을 내렸습니다.

금관가야에서 대가야로
중심이 이동한 후기 가야연맹

한동안 침체기였던 가야 문화권에 다시 활기를 불어넣은 것은 대가야였습니다. 고령의 대가야는 5세기부터 6세기까지 후기 가야연맹을 이끄는 주축이었어요. 당시 중원 대륙에는 남북조시대가 이어지고 있었는데, 5세기 후반에 가야는 남조에 사신을 보내 '보국장군 본국왕'이라는 작호도 받았습니다. 그리고 가야는 백제, 신라와 함께 힘을 합쳐서 남쪽으로 밀고 내려온 고구려군을 물리치기도 했어요.

그러다 554년, 관산성 전투가 벌어집니다. 백제와 신라 역사의 분수령이 된 이 전투 이후로 가야는 수명을 다해갔어요. 백제·가야·왜 연합군이 신라에 패배했기 때문입니다. 가야의 여러 소국은 여전히 하나의 강력한 세력으로 통일되지 못한 상태였기에 멸망도 점진적으로 이뤄졌습니다. 가야의 소국들은 이미 하나둘씩 각자의 판단에 따라 신라에 흡수되고 있었어요. 그리고 562년, 신라 진흥왕이 대가야를 멸망시키면서 가야의 모든 역사가 막을 내렸습니다.

한편으로 가야는 멸망 후에도 역사 속에서 계속 영향력을 발휘하고 있습니다. 예컨대 오늘날까지 한국 고유의 전통 현악기를 대표하는 가야금은 가야가 남긴 소중한 유산입니다. 신라에 전승된 가야금의 선율은 궁중음악으로 발전했어요.

또한 가야의 왕족들은 신라의 진골 귀족으로 편입되어 신라의 역사를 주도하게 됩니다. 삼국 통일이라는 거대한 업적을 이룬 신라의 명장 김유신 장군도 가야의 왕족 출신이지요. 가야 연맹은 비록 고대국가로 성장하지는 못하였지만, 수준 높은 철기 문화를 통해 신라를 비롯한 일본의 고대 문화 발전에 큰 영향을 줍니다.

❀ 발해 주요 사건 연표 ❀

연도	사건
698년	대조영 발해 건국
719년	무왕 즉위
732년	당나라의 등주를 침공
737년	문왕 즉위
756년	상경 용천부로 천도
793년	성왕 즉위
926년	발해 멸망

해동성국 발해가
우리의 역사인 이유

나라가 멸망한다는 것은 어떤 것일까요? 668년에 나라를 잃은 고구려인에겐 피눈물 나는 나날이 이어지고 있었습니다. 당나라는 그토록 염원하던 고구려 정벌에 성공했지만 마냥 마음이 편치만은 않았어요. 고구려 유민들이 끈질기게 저항하니 골치가 아팠죠. 반란을 일으킬 틈도 주기 싫었던 당나라는 고구려 유민 집단을 강제 이주시켜버립니다.

이렇게 20만 이상의 고구려 유민과 말갈, 거란과 같은 주변 민족들은 낯선 땅으로 줄줄이 끌려갔습니다. 그들은 대륙 곳곳의 광활한 황무지에 흩뿌려졌어요. 비참하고 배고프고 분했던 고구려 유민들은 고구려의 부활을 염원했고, 그들의 중심에는 대조영이 있었습니다.

당나라 관리의 가혹한 처벌과 세금 수탈이 이어지던 어느 날, 거란족장 이진충이 반란을 일으킵니다. 이 사건을 계기로 대조영의 아버지 걸걸중상은 말갈족장 걸사비우와 함께 사람들을 이끌고 당을 탈출했어요. 하지만 추격하는 당군과 싸우던 걸사비우가 죽고 걸걸중상도 병에 걸려 사망합니다.

대조영은 아버지의 뒤를 이어 유민들을 이끌었어요. 그들의 목적지는 오직 옛 고향 땅이 있는 동쪽이었습니다. 대조영의 무리는 천문령에서 당군을 기습하여 결정적인 승리를 거뒀어요. 끈질기게 추격하던 당군을 시원하게 격파한 대조영은 마침내 동모산에 도착했습니다. 그리고 고구려 유민, 말갈족과 함께 새 나라를 세웠지요. 때는 698년, 고구려 멸망으로부터 딱 30년이 지난 해였습니다.

발해의 역사는 오랫동안 우리 역사에서 등한시되었습니다. 오늘날 중국은 정치적 목적으로 펼치는 동북공정에 따라 발해를 중국 역사라고 주장하기까지 하지요. 의도적인 역사 왜곡에 대응하려면 발해가 우리나라의 역사인 이유를 알아야 합니다

발해, 고구려의
부활을 꿈꾸다

발해가 고구려를 계승했다는 사실은 다양한 형태로 증명됩니다. 발해가 일본이나 신라에 보낸 외교 문서에서도 스스로 고(구)려라고 소개할 정도로, 발해는 고구려의 후예임을 분명히 밝혔어요. 발해의 왕족과 지배 계층도 고구려인이었습니다. 피지배 계층인 말갈족은 고구려시대부터 주요 병력으로 활약하던 민족이었어요.

또한 발해가 남긴 유물과 유적에서도 고구려의 흔적을 볼 수 있습니다. 예컨대 오늘날 중국 지린성에 있는 발해 정혜공주의 무덤 양식은 고구려의 굴식 돌방무덤이에요. 이름처럼 돌로 만든 방이 있는데, 돌방과 무덤 입구 사이에는 사람이 지나갈 수 있는 굴이 뚫려 있습니다. 정교한 기술이 필요한 양식이지만 도굴꾼들의 표적이 되기 쉬운 구조라 벽화 빼곤 거의 남아 있는 게 없습니다.

발해의 2대 무왕은 그의 시호처럼 무력을 사용해 영토를 넓혀갑니다. 발해의 팽창에 주변 나라들은 촉각을 곤두세웠어요. 특히 흑수말갈과 당나라는 발해를 양옆에서 견제하기 위해 손을 잡았고, 무왕은 심기가 불편했습니다. 결국 732년, 무왕이 보낸 장군 장문휴가 당의 산둥 지역을 공격합니다. 그러자 당나라는 반격을 가하며 신라에게도 발해를 공격하라고 말했어요. 하지만 신라군은 혹독한 겨울 날씨와 폭설로 고생하다가 결국 성과 없이 철수했습니다. 당나라도 별 성과를 얻지 못했어요.

동북아에 팽팽한 긴장이 흐르는 가운데 무왕은 주변의 거란, 돌궐과 힘을 합쳐 상황을 타개합니다. 하지만 상황은 점점 나빠졌습니다. 어느덧 돌궐은 내부 분열로 자기들끼리 싸우느라 바빴고 거란은 결국 당나라에 복속됩니다. 심지어 남쪽에선 신라가 발해를 위협하는 상황이었어요. 무왕은 살기 위해 당과 화해 분위기를 조성하려고 노력합니다.

왕권을 크게 강화한 문왕과 선왕

무왕이 죽은 이후, 문왕의 시대에 발해의 분위기는 확 달라집니다. 시호에서 알 수 있듯 문왕은 문치주의를 표방한 왕이었어요. 주변 국가와의 힘겨루기 대신 두루두루 친하게 지내며 문화 교류를 이어갔죠. 문왕 대에는 당의 3성 6부제를 받아들이는 등 내부적으로 체계가 정비됩니다.

문왕은 당나라의 선진 문물을 적극적으로 받아들였어요. 특히 유교 사상을 바탕으로 나라를 운영하고자 교육에 힘썼지요. 백성의 마음을 통합하기 위해 불교도 적극적으로 받아들입니다. 당나라와 사이가 좋아지니 산둥반도에는 발해 사신들이 머무는

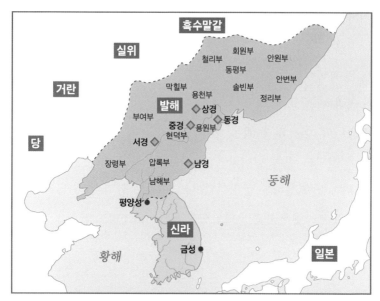

통일신라와 발해의 지방 행정 조직을 보여주는 지도.

'발해관'이라는 숙소까지 생겼어요. 또한 신라로 통하는 교통로
인 신라도를 만들어 교역했고, 일본으로도 사신을 보내 외교 관
계를 구축합니다.

　재위하는 57년 동안 국력을 키우고 왕권을 강화한 문왕은 독
자적인 연호 '대흥'을 사용하며 자신감을 표출합니다. 정효공주
의 묘비를 통해 문왕이 황제로 불렸음을 알 수 있어요. 또한 일
본에 보낸 국서에 자신을 천손이라고 표현할 정도로 발해는 강
성했습니다.

　문왕이 다져놓은 기틀 위에서 발해가 최고의 전성기를 구가

한 것은 9세기 선왕 대였습니다. 당나라가 발해를 '바다 동쪽의 융성한 나라', 즉 해동성국이라고 표현할 정도였어요. 어떤 번영을 누렸기에 이토록 극찬받았을까요? 선왕 시대에 발해는 사상 최대의 영토를 확보했습니다. 선왕은 확장된 영토를 효율적으로 관리하기 위해 지방 행정 제도를 다시 정비했어요. 발해에는 5경 15부 62주의 행정 구역이 만들어집니다. 또한 발해는 국제교역을 위해 '발해 5도'를 터서 활발한 무역을 전개했어요. 고구려의 부활을 꿈꾸며 건설한 발해가 가장 빛나던 시기였습니다.

시간이 흘러 10세기 초, 동아시아는 거대한 소용돌이에 휩싸였습니다. 한반도에서는 혼란의 후삼국시대가 열리고 있었고 당나라는 멸망해버렸어요. 그리고 새로운 해가 떠오르고 있었습니다. 그는 거란 부족을 통일한 야율아보기입니다. 강력한 기마병으로 무장한 거란은 중원을 향해 입맛을 다시며 폭풍처럼 세력을 키웠어요.

발해는 요동반도를 사이에 두고 거란과 혈투를 벌였고, 결국 926년, 야율아보기의 대대적인 공격에 무너지고 말았습니다. 229년간 존속한 동북아의 해동성국이 멸망한 것입니다. 한순간에 나라를 잃은 발해 유민들의 운명은 어떻게 됐을까요? 그들의 이야기는 뒤에서 이어가겠습니다. 남북국시대의 한 축을 이루던 발해가 사라진 이후, 국제 정세는 새로운 국면을 맞이합니다.

PART 03

한국사의
중세를 연 고려

◈ 후삼국시대 주요 사건 연표 ◈

900년	후백제 성립
918년	고려 건국
919년	고려 천도
920년	후백제의 견훤 대야성 전투 승리
927년	후백제의 신라 침공으로 인한 공산전투 발발
929년	후백제 나주 탈환
930년	고려 고창 전투 승리
935년	신라의 항복
936년	고려 일리천 전투 승리, 후백제 멸망

후삼국시대로
다시 분열되다

사회 문제가 누적되던 통일신라 말, 중앙정부는 지방에 대한 통제력을 잃었습니다. 지배층의 과도한 수탈이 이어지자 결국 농민들의 울분이 폭발했습니다. 더 이상 잃을 것도 없는 처지에 내몰린 농민들은 목숨을 걸고 봉기하기 시작했어요.

전국 각지에서 이들을 이끄는 유력자들이 새 시대를 열었습니다. 독자적인 군사력과 행정조직까지 갖추며 세력을 키워가던 이 지방 세력을 '호족'이라고 부릅니다. 이러한 호족 세력 중 특히 눈에 띄는 인물들이 있었으니, 하급 군인 출신 '견훤'과 승려 출신 '궁예'였습니다.

견훤의 후백제,
궁예의 후고구려 건국

한 가설에 따르면 사실 궁예는 승려이기 전에 신라의 왕족이었어요. 높은 신분을 타고났지만, 그의 어린 시절은 불운했습니다. 궁예의 생년월일에는 오午라는 글자가 두 번이나 포함되어 있는데, 어른들은 이를 불길한 징조로 여겼어요. 이런 날짜에 태어난 아이는 훗날 반란을 일으킬 수 있다고 의심한 것입니다. 게다가 태어나면서부터 이미 이가 자라 있었던 점도 수상쩍게 여겼어요.

결국 신라 왕은 궁예를 살해하라고 명했습니다. 어린 궁예는 높은 곳에서 내던져져 죽을 위험에 처했으나, 다행히도 유모가 떨어지는 궁예를 받아 목숨을 구했지요. 이 과정에서 유모가 궁예의 눈을 잘못 찔러 한쪽 눈이 멀게 되었다고 전해집니다. 이후 궁예는 유모의 품을 떠나 승려의 길을 걸었어요. 하지만 그는 절망을 원동력 삼아, 새로운 세상을 만들겠다는 결의와 영웅적 자질을 키워나갔어요.

시간이 흘러 궁예는 대표적인 호족 중 한 명인 기훤의 부하가 되었다가, 제대로 대접받지 못해 다시 양길의 부하로 들어갔습니다. 군사를 이끌고 세를 불리던 궁예는 결국 양길의 뒤통수를 치고 독립해 한반도 중부 패권을 장악했어요.

이 시기 하급 군인 출신 견훤은 군대에서 복무하다가 한반도

후삼국시대를 보여주는 지도.

서남부를 공략하며 덩치를 불렸습니다. 급기야 그는 스스로 나라를 세우기에 이르렀어요. 견훤이 900년에 완산주(전주)를 도읍 삼아 건설한 나라가 바로 후백제입니다. 당시에는 국호를 백제라 했지만 먼저 있던 백제와의 구분을 위해 후백제라고 부르는 거지요. 이에 질세라 궁예는 901년에 후고구려를 세웠어요. 후고구려 역시 후대에 붙인 이름이고 당시에는 국호를 고려라 했시요. 이렇게 한반도가 다시 세 조각으로 찢어지면서 한국판 전국시대, 일명 '후삼국시대'로 진입했습니다. 후삼국시대는 후백제가 세워진 900년부터 후삼국이 통일되는 936년까지 36년간 이어집니다.

하지만 후삼국시대를 재통일한 영웅은 견훤도, 궁예도 아니었어요. 고려 건국의 주인공 왕건은 877년 송악(개성)에서 태어났습니다. 왕건의 집안은 해상무역으로 부를 쌓은 송악의 유력호족이었어요. 왕건의 아버지 왕륭은 세력을 뻗쳐오는 궁예에게 운명을 걸기로 결심합니다. 896년, 궁예에게 송악을 바친 왕륭은 태수가 되고, 당시 20세인 왕건이 송악의 성주가 되었어요.

이후 왕건은 궁예의 휘하에서 승승장구하며 수많은 전공을 세웁니다. 특히 왕건이 전쟁 영웅으로 떠오른 사건이 바로 나주 전투입니다. 해전에 강했던 왕건은 서해를 지나 후백제 후방에 있던 금성을 점령한 뒤, 지명을 나주로 고쳤습니다. 왕건이 승리한 나주 전투는 후삼국 전쟁의 명장면 중 하나였습니다. 후고구려의 가장 큰 라이벌 후백제의 배후를 차지함으로써 후백제를 앞뒤로 압박할 수 있게 됐기 때문입니다. 이처럼 왕건은 뛰어난 전술로 견훤에 맞서 여러 차례 승리를 거뒀습니다.

궁예는 904년에 국호를 마진摩震으로 바꾸고, 이듬해에는 송악에서 철원으로 수도를 옮깁니다. 911년에는 거대한 포부를 담아 국호를 다시 태봉泰封으로 바꾸었죠. 궁예에게 공을 인정받은 왕건은 913년에 최고의 벼슬 '시중'에 올랐습니다. 이제 명실상부한 후고구려의 이인자가 된 왕건은 겸손한 리더십과 시원시원한 일 처리로 모두에게 존경받았습니다.

반면 궁예는 점점 난폭해졌습니다. 자신을 살아 있는 부처,

고려를 건국한 태조 왕건의 청동상

미륵불이라 칭하던 궁예는 사람의 마음을 꿰뚫어 본다는 관심법을 내세워 공포정치를 펼치기 시작했어요. 독보적 권력의 일인자 자리가 불안했는지, 궁예는 모든 사람을 의심하고 또 의심했어요. 누구든 궁예의 관심법에 걸려들면 뜨겁게 달군 철퇴에 맞아 개죽음을 면치 못했습니다. 심지어 궁예는 자신의 처자식에게도 무자비했어요. 어느 날은 왕비 강씨가 간통하는 것을 신통력으로 다 보았다며 불에 달군 쇠꼬챙이로 아내를 치욕스럽게 죽였고, 두 아들까지 살해했습니다.

그 의심의 덫은 곧 이인자 왕건에게도 덮쳤습니다. 궁예가 왕건을 대뜸 불러 네가 어젯밤 반역을 도모한 사실을 관심법으로 다 보았다고 추궁합니다. 왕건은 머릿속이 복잡했어요. 여기서 대뜸 아니라고 말한다면, 궁예의 신통력을 대놓고 부정하는 것이나 다름없었기 때문입니다. 궁예가 잠시 고개를 들고 눈을 감고 있을 때, 최응이 일부러 붓을 떨어뜨리고 줍는 척하며 왕건에게 속삭였어요. 궁예 말을 인정하고 사죄하면 목숨은 건질 거라는 다급한 충고였어요. 그 순간 궁예가 자신을 시험하고 있음을 깨달은 왕건은 죽을죄를 지었다고 빌었습니다. 왕건의 목숨이 달린 긴장되는 순간, 뜻밖에도 궁예가 만족스럽다는 듯 큰 소리로 껄껄 웃으며 말했어요. "경은 과연 정직하도다."

나날이 폭정과 살육을 일삼던 궁예는 점차 민심을 잃어갔어요. 결국 기병 장군 홍유와 배현경, 신숭겸, 복지겸 등이 왕건을 찾아와 정변을 일으키자고 은밀히 제안했어요. 왕건은 처음엔

펄쩍 뛰며 거절했지만, 이 대화를 들은 부인 유씨까지 거들자 결국 마음을 굳혔습니다. 의지를 다진 왕건은 갑옷을 입고 그를 따르는 장수들과 함께 진군했습니다. 깜짝 놀란 궁예는 뒷문으로 도망쳤지만, 이름 모를 백성에게 살해당해 파란만장한 삶을 허무하게 마감했습니다.

이로써 918년, 궁예를 몰아낸 왕건이 철원에서 새 왕조를 건설합니다. 국호는 고구려를 계승하는 뜻에서 고려로 정했지요. 고려의 1대 임금 왕건은 이듬해 도읍을 자신의 근거지인 송악, 즉 개경으로 옮겼습니다. 이때부터 왕건의 고려와 견훤의 후백제는 한반도의 운명을 건 패권 전쟁에 돌입합니다.

후삼국시대 통일을 위한
치열했던 패권 다툼

호랑이 같은 견훤의 후백제는 경주 일대로 세력권이 쪼그라든 신라를 향해 이빨을 드러냈습니다. 견훤의 시야에서, 왕건은 건국한 직후라 내부를 안정시키기 바빠 보였고, 신라는 독 안에 든 쥐처럼 보였습니다. 신라를 집중 공략하던 견훤은 920년에 대야성을 무너뜨렸고, 다급해진 신라의 요청에 고려가 구원병을 보냈습니다. 이로써 고려와 후백제는 불편한 사이가 되었어요.

924년부터 이듬해까지 후백제가 두 차례에 걸쳐 고려의 조물성을 공격합니다. 시원하게 결판이 나지 않은 조물성 2차 전투에서 양국은 결국 인질을 주고받으며 화친을 맺기로 해요. 이때 왕건의 사촌 동생 왕신이 후백제에 인질로 잡혔고, 견훤의 조카 진호가 고려에 넘겨집니다. 그런데 1년도 안 돼서 고려에 넘겨진 진호가 갑자기 병으로 죽었어요. 견훤은 고려가 인질을 죽였다고 생각해 고려의 인질인 왕신을 죽였습니다.

견훤과 왕건은 후삼국 통일이라는 대업을 이루기 위해 각자의 방식대로 달리고 있었어요. 그런데 두 사람의 방식은 극과 극이었습니다. 견훤은 힘의 논리를 앞세운 반면, 왕건은 모두를 품는 방식을 취했습니다. 이 두 사람의 차이가 한눈에 보이는 사건이 있었어요. 927년에 견훤은 신라 수도 경주를 침공해 경애왕을 농락한 뒤 강제로 자결시키고, 왕비를 겁탈해서 신라에 씻을 수 없는 치욕을 안겼어요. 본래 신라의 군인이었던 견훤이 신라의 국왕을 능멸했다는 충격적인 사건은 민심을 싸늘하게 만들었습니다. 그 후 견훤은 신라 왕족인 김부를 꼭두각시 왕으로 앉혔는데, 그가 바로 신라의 마지막 왕, 경순왕입니다.

이 소식에 분노한 왕건은 즉시 5,000명의 정예군을 이끌고 신라를 구원하기 위해 달려갑니다. 왕건이 이끄는 고려군은 공산 근처에서 견훤의 후백제군과 맞닥뜨렸어요. 이 전투가 바로 왕건에게 치욕스러운 패배를 안긴 927년의 '공산 전투'입니다. 고려군은 결국 후백제군에 포위되고, 왕건은 일생일대의 위기를 맞습니다. 그러자 신숭겸이 적진에 뛰어들어 싸우다가 장렬히 전사했어요. 후백제군은 신숭겸이 고려의 왕인 줄 알고 그의 목을 베어 갔지요. 장군들의 충절 덕분에 왕건은 겨우 살아서 송악에 돌아갈 수 있었습니다. 이때 함께 유인작전을 펼치다 전사한 8명의 장수를 기리는 뜻에서 대구에 위치한 팔공산의 이름이 유래했습니다.

포용의 아이콘 왕건, 마침내 통일을 이룩하다

후백제에 밀리던 왕건은 마침내 930년, 고창 전투에서 대승을 거둬 전세를 뒤집었습니다. 이때부터 계속 타격을 입던 견훤은 935년에 충격적인 사건까지 겪어요. 견훤은 원래 넷째 아들 금강에게 왕위를 물려줄 계획이었습니다. 이에 반발한 장남 신검이 결국 나라를 빼앗고 견훤을 쫓아낸 거예요. 견훤은 3달 동안 금산사라는 절에 갇혀 있다가 간신히 빠져나와 왕건에게 달려갑니다. 전투에서 맹렬히 싸운 원수마저 받아준 진정한 포용의 아이콘 왕건은 견훤을 극진히 대우해주었습니다.

이 소식에 신라 경순왕도 고려에 자진 항복합니다. 애초에 경순왕과 신라인의 마음은 이미 고려를 향하고 있었어요. 견훤의 꼭두각시로 전락한 경순왕과 신라인들은 통곡하며 욕되게 죽은 경애왕의 장례를 치렀어요. 신라인에게 견훤은 치가 떨리는 철천지원수였습니다. 마지막 결정의 순간까지 태자가 눈물로 반대했지만, 경순왕은 이미 천하의 대세가 고려에 있음을 알았어요. 더 이상 가여운 신라 백성들을 고생시킬 수 없었던 경순왕이 고려에 스스로 와서 복종하며 935년, 신라 1,000년의 역사가 막을 내립니다. 왕건은 직접 경순왕을 맞이하며 극진히 대우해주고 장녀 낙랑공주와 혼인시켰어요.

이제 후삼국 통일을 위한 왕건의 여정에 남은 것은 후백제뿐이었습니다. 견훤은 왕건에게 자신의 나라를 빼앗은 아들의 목을 베어달라고 부탁했어요. 권력은 아버지와 아들의 사이도 죽음으로 갈라놓을 만큼 무섭고 냉혹했습니다. 《삼국사기》에는 이렇게 기록되어 있어요.

"늙은 제가 전하에게 몸을 의탁한 것은 반역한 자식의 목을 베기 위한 것입니다. 나라를 어지럽히는 난신적자亂臣賊子를 없애주신다면 저는 죽어도 유감이 없을 것입니다."

이에 왕건이 견훤과 함께 대군을 거느리고 후백제로 진격합니다. 936년, 후백제와 고려의 운명을 건 마지막 결전이 바로 '일리천 전투'였어요. 이때 후백제인들은 견훤을 내쫓고 정권을 장악한 신검에게 이미 등을 돌리고 있었습니다. 그런데 견훤이 고려의 대군과 함께 눈앞에 나타나자, 전의를 상실한 후백제 장군들은 스스로 갑옷을 벗고 견훤 앞에 항복하기 시작했어요. 후백제는 이렇게 일리천 전투에서 대패합니다.

이어진 황산 전투에서 신검은 어떻게든 맞서보려 했지만 이미 가망이 없었습니다. 끝내 신검이 항복하면서 후백제가 멸망합니다. 신검이 신하들 때문에 어쩔 수 없이 견훤의 왕위를 빼앗았다고 변명하자 대인배 왕건은 신검을 용서해주었어요. 이 모든 광경을 바라보던 견훤은 속이 터질 노릇이었습니다. 큰 뜻을 품고 건국한 나라를 자기 손으로 멸망시킨 견훤은 깊은 우울감에 빠져 있다가 얼마 후 인근 절에서 쓸쓸히 죽음을 맞았습니다.

이렇게 신라와 후백제는 영영 사라졌으나, 이는 곧 500년 고려 역사의 새출발을 알리는 순간이었습니다.

◉ 고려 주요 사건 연표 ◈

918년	고려 건국
936년	후삼국 통일
993년	거란의 1차 침입
1126년	이자겸의 난
1135년	묘청의 서경 천도 운동
1170년	무신정변
1196년	최충헌 집권
1198년	만적의 난
1231년	몽골의 1차 침입
1251년	팔만대장경 완성
1258년	최씨 무신 정권 붕괴
1270년	몽골과 강화, 개경 환도
1377년	《직지심체요절》 인쇄

500년
고려왕조의 출발

    한반도의 중세를 화려하게 수놓은 고려왕조는 약 500년의 긴 역사를 이어갔습니다. 고려시대를 쉽게 이해하려면 시기별 지배 세력을 기억하며 흐름을 따라가는 것이 유용합니다. 먼저 각 시기를 주도한 지배 세력부터 살펴볼까요?

    고려의 막을 올린 첫 지배 세력은 호족과 6두품이었습니다. 앞서 왕건과 손을 잡고 고려를 세운 호족에 대해 자세히 살펴보았는데, 6두품 세력은 어떻게 초기 지배 세력으로 등장했을까요? 신라의 골품제에서 성골과 진골 다음의 귀족 신분이 바로 6두품입니다. 예전에 통일신라에 흡수된 소국의 지배층 대부분이 6두품 신분을 얻었지요. 신라 말, 진골끼리의 치열한 권력 다툼 속에 소외된 6두품은 신라를 '손절'하고 새 나라 고려의 건국에 열정적으로 힘을 보탰습니다. 이렇게 고려 건국 공신들은 정부의 요직을 맡으며 중앙 정계에 당당히 진출했고 신생국 고려를 적극적으로 운영하기 시작했어요.

그러나 한번 얻은 기득권은 쉽게 놓기 어려운 법입니다. 이들은 권력과 경제력을 대대손손 안전하게 물려주었는데, 이것을 가능케 한 방법이 바로 음서제와 공음전이었어요. 이렇게 세대를 거쳐 공고해진 특권층은 하나의 강력한 무리를 형성하기 시작했어요. 대대로 고위 관직자를 배출한 유력 가문(문)이 무리(벌)를 이뤘다고 하여, 이들을 '문벌'이라고 부르게 됩니다.

고려의 두 번째 시기인 문벌 귀족 지배기는 고려 중기에 해당합니다. 고려는 끊임없이 외세 침략에 시달렸는데, 이 시기에는 거란이 쳐들어와 전쟁이 발발하기도 했어요. 또한 문벌 귀족이 모든 혜택을 독점하면서 사회적 모순이 누적됐습니다. 이자겸의 난과 묘청의 서경 천도 운동이 벌어지며 나라가 시끄러웠죠. 일련의 사건들을 거치며 문벌 귀족은 특권을 놓지 않고 더욱 꽉 움켜쥐려 했습니다. 그러자 결국 폭발한 무신들이 정변을 일으켰어요.

고려의 세 번째 시기로 구분되는 무신 집권기는 그야말로 난세였습니다. 죽고 죽이는 피의 배신이 이어졌고 임금은 무신의 꼭두각시로 전락했어요. 그뿐 아니라 이 시기에는 몽골고원을 통일한 칭기즈 칸이 등장해 세계사에 길이 남을 대원정을 시작했습니다. 고려 역시 이러한 동아시아의 정세에 영향받지 않을 수 없었습니다. 결국 몽골 제국의 쿠빌라이 칸이 국명을 대원으로 바꾸면서 중원 대륙을 다스리기 시작했고, 고려는 원나라의 사위, 즉 부마국이 되었어요. 원나라의 지배하에 고려 후기에는 친원파 '권문세족'이 득세하기 시작했습니다. 이렇게 다양한 지배층의 교체를 기억해두고, 고려왕조를 활짝 연 태조 왕건부터 차례로 만나보겠습니다.

건국의 주역
호족 세력과 태조 왕건

태조 왕건이 후삼국 통일의 대업을 이룰 수 있었던 것은 그의 뛰어난 역량 때문만은 아니었습니다. 각 지방을 꽉 잡고 있던 호족들의 협조도 결코 빼놓을 수 없는 중요한 요인이었지요. 호족들은 언제든 왕위를 위협할 수 있는 존재였기 때문에, 태조는 확신하게 호족을 내 편으로 만들어 왕권을 안정시켜야 했습니다. 그래서 태조는 즉위하자마자 다양한 호족 융합 정책을 펼치기 시작했어요. 그중 대표적인 것이 혼인 정책과 사성 정책입니다. 태조는 호족들의 딸과 혼인해서 총 29명의 부인을 두었어요. 또한 호족들에게 자신의 성 왕씨를 하사하는 사성賜姓 정책을 펼쳤

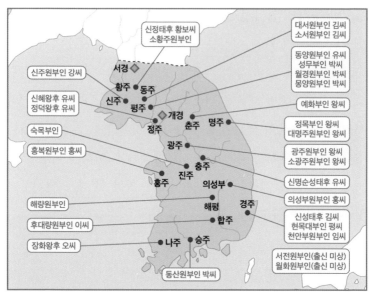

부인들의 출신 지역을 나타낸 태조 왕건의 혼인 정책 지도.

습니다. 이렇게 유력 호족들은 태조와 끈끈한 가족 관계를 맺게
되었습니다. 이로써 태조는 25명의 아들과 9명의 딸이라는 많은
자녀를 두게 되었고, 이는 태조가 죽은 뒤에 펼쳐질 피 튀기는
왕위 쟁탈전의 원인이 되었습니다.

태조가 호족에게 당근만 준 것은 아니었어요. 적절한 '밀당'
을 하며 균형을 잡았지요. 태조의 대표적인 호족 견제 정책은 기
인제도와 사심관 제도입니다. 기인제도는 호족의 자녀를 수도
개경에 데려와 머물게 한 조치였어요. 교육받은 호족의 자녀 중
유능한 인물은 중앙관청에서 일하게 해줬는데, 유사시에는 인질

로 삼을 수도 있었습니다. 이로써 지방의 유력 호족들은 아들이 일하는 중앙정부에 다른 마음을 품지 않고 충성하게 됩니다.

또한 고위 관리를 출신 지역 사심관으로 임명해서 지방을 통제하고자 했어요. 신라의 마지막 임금 경순왕이 고려 최초의 사심관입니다. 경순왕 김부는 고려에 항복한 이후 경주의 사심관으로 임명되었어요. 태조가 시행한 이 모든 제도는 지방 호족 세력을 중앙집권적 지배 체제로 끌어오기 위한 방책이었습니다. 또한 숭불 정책으로 민심을 모으고, 가난한 백성을 위해 흑창이라는 빈민구제기관을 만들어 곡식을 나눠 주었어요.

무엇보다도 태조 왕건이 가장 중요시한 대업은 고구려의 옛 땅을 회복하는 일이었습니다. 926년에 해동성국 발해가 거란의 공격을 받아 멸망하자 태조는 나라를 잃은 발해 유민을 적극적으로 받아주었어요. 그리고 발해를 멸망시킨 거란에는 금수의 나라라며 대놓고 선을 그었어요. 또한 옛 신라인과 후백제인에게는 집과 땅을 나눠 주었지요. 이렇게 태조는 북쪽 발해 유민과 후백제, 신라 백성 모두를 끌어안으며 외세 영향 없이 통일을 이뤄냈습니다. 이것이 신라의 삼국 통일과 구별되는 점입니다.

또한 청천강에서 영흥만에 이르는 지역까지 땅을 넓히며 고구려의 옛 영토 회복에도 힘썼습니다. 그리고 죽기 전에 평생 그의 곁을 지킨 박술희를 불러서 왕이 지켜야 할 도리를 적은 훈요 십조를 남겼습니다. 태조 왕건의 이상과 업적은 후대 왕에게 중요한 지침이 되었어요. 앞으로 고려는 창건자인 태조 왕건의 뿌리를 본받아 해상무역을 장려하고 해외 선진 문물을 적극 수용하는 개방적인 해양 국가로 성장합니다.

고려의 전환기를 만든 피의 군주 광종

왕건의 뒤를 이은 혜종은 끝없이 암살 위협에 시달렸습니다. 툭하면 침소로 몰래 들어오는 자객들 때문에 마음이 늘 불안했어요. 혜종의 어머니가 미천한 출신이라는 점이 그의 약점이 되었고, 이복형제들과 배후의 강력한 호족 세력은 그의 자리를 호시탐탐 노렸습니다. 혜종이 얼마나 조롱받았는지,《고려사》에는 그의 이마에 돗자리 무늬가 있어 '주름살 임금'이라고 불렸다는 기록도 남아 있어요. 재위 2년 4개월 동안 주름살을 펼 틈도 없이 주위를 경계해야 했던 혜종은 34세 젊은 나이로 세상을 떠났습니다.

혜종이 죽자 바로 아래 동생인 왕요가 3대 임금인 정종으로 즉위했어요. 젊고 혈기 왕성한 정종은 방해되는 인물을 거침없이 숙청했습니다. 혜종을 끝까지 지키던 박술희와 혜종의 장인 왕규가 목숨을 잃었지요. 하지만 아직 왕권이 굳건하지 않아 개경의 호족들은 왕명에 고분고분 따르지 않았습니다. 뒤숭숭한 분위기 속에서 정종 역시 4년의 짧은 재위를 끝으로 생을 마감했어요.

　4대 임금 광종은 고려에 중대한 전환기를 가져왔습니다. '피의 군주'로 유명하지만, 광종이 즉위 초부터 피바람을 일으킨 것은 아니었어요. 초반에 광종은《정관정요》를 열심히 읽었다고 합니다. 이 책은 '정관의 치'라는 찬사를 받은 당나라 태종이 신하들과 주고받은 정치 문답을 담고 있지요. 이 책을 읽으며 광종은 아마도 이상적인 군주의 모습을 고민했을 거예요. 그러나 점차 광종은 강력한 왕권 확립을 위해 결단을 내릴 필요성을 느꼈습니다. 그래서 폭풍 같은 개혁 정책을 단행하기 시작했어요. 이것은 위풍당당하게 권세를 휘두르는 호족의 힘을 누르고 왕권을 강화하기 위한 것이었습니다.

　먼저 광종은 956년에 노비안검법을 실시해서 불법으로 노비가 된 자들을 양민으로 해방해주었어요. 당시에는 이렇게 억울한 노비가 많았습니다. 원래 양민이었던 이들도 난세에 굶어 죽지 않기 위해 자신과 가족을 팔아야 했던 거지요. 노비안검법은 얼핏 백성을 위한 정책 같지만, 실제론 호족의 힘을 꺾는 방법이었습니다. 호족들이 소유한 노비는 든든한 경제적·군사적 자원이었기 때문입니다. 노비들은 호족을 위해 농사도 짓고 집안일도 해주고 필요시 사병으로 동원될 수도 있었지요. 그런데 이런 중요한 재산을 빼앗기자 호족들은 충격에 빠졌습니다. 노비 해방은 여러 가지 효과를 거두었습니다. 일단 호족의 기반이 약해졌고, 세금 내는 양민이 늘어난 만큼 국가 재정에도 도움이 되었어요.

또한 광종은 957년에 과거제를 도입했습니다. 이를 건의한 인물은 후주에서 영입한 쌍기였어요. 능력 있는 인재라면 외국인도 서슴지 않고 고위직에 등용했다니 지금의 시각으로 봐도 놀라운 일이지요. 이렇게 광종이 추구한 인재 등용 방식은 고려의 개방적인 특성을 잘 보여주지요. 시험을 통해 관직을 주겠다니, 핏줄로 관직을 꿰차는 게 당연했던 호족들은 날벼락을 맞은 듯했습니다. 여기에 더해, 959년에는 공복을 제정했습니다. 이제 관료들의 서열이 체계화되었고, 각각의 서열이 복장 색상에 따라 명확히 구분되었어요. 무엇보다도 그 서열의 최정점에는 국왕이 있음이 가시화됐다는 점이 중요했습니다.

그뿐 아니라 광종은 개경을 '황도'라고 부르고, '준풍'이라는 새 연호를 사용했습니다. 황도는 곧 황제가 사는 도성을 의미합니다. 게다가 독자적인 연대 계산법을 사용한다는 것은 고려의 독립성과 자주성을 강조하는 조치였습니다. 말년에는 위협이 될 만한 세력을 매섭게 숙청하며 왕권 강화에 박차를 가했는데, 그 대상은 호족뿐 아니라 왕실 내부에도 있었습니다. 결국 혜종과 정종의 아들도 목숨을 잃었지요. 이렇듯 광종은 호족의 입김에 휘둘리던 왕실의 과거를 청산하고 스스로 황제라 칭하며 국제적 위상을 드높였습니다.

광종의 뒤를 이은 경종은 27세의 나이로 세상을 뜨고, 경종의 사촌 동생 성종이 981년 왕위에 올랐어요. 조선의 성종과 마

最承로가 올린 시무 28조.

찬가지로, 고려의 성종 역시 건국 초의 어수선한 정국을 수습하고 체제를 정비했다 하여 붙은 묘호廟號입니다. 광종이 왕권을 강화한 이후로 살벌했던 왕위 쟁탈전은 소강상태에 접어들었어요. 그 기반 위에서 성종 대에는 정치적 방향성이 잡히고 고려의 여러 제도가 자리 잡았어요.

성종은 신하들에게 나라를 잘 다스리는 방법을 적어 내라 명했고, 그중 최승로가 올린 '시무 28조'가 채택됐어요. 여기에는 불교의 폐단을 경계해야 한다는 내용과 민생 문제, 외교와 사회 제도, 군주가 지켜야 할 덕목 등이 담겼습니다. 시무 28조는 성종의 국가 체제 정비에 지대하게 공헌했어요. 특히 성종은 2성 6부제로 중앙관제를 정비했고, 지방 주요 지역에는 12목을 설치했습니다. 각 지방에 지방관을 파견하면서 중앙의 통제력이 지방까지 미치게 되었지요. 무엇보다도 최승로는 유교 정치의 중요성을 강조했어요. 이에 공감한 성종은 유교를 정치 이념으로 채택해 중앙집권 체제를 강화하고, 유교적 소양을 갖춘 관료를 선발하기 위해 교육제도도 정비했습니다. 그래서 성종을 유교 군주로 평가하지요.

고려 왕실에서 벌어진
기막힌 사랑과 배신

한편 고려 왕실에서는 초기부터 혈족 간의 결혼, 즉 근친혼이 일반적이었습니다. 현대의 관점에서 볼 때 이는 금기시되는 일이지만, 당시엔 이런 관습이 특별히 이상하게 여겨지지 않았어요. 시대와 사회적 분위기에 따라 전통과 관습이 변하듯, 근친혼 또한 그 시대의 상황 속에서 이해할 필요가 있습니다. 고려 왕실의 근친혼은 정치적 목적을 띠고 있었어요. 왕실 내부에서 근친혼을 반복하면 권력의 외부 분산도 막을 수 있고 중앙집권적 권력 구조도 강화할 수 있었지요. 이러한 관행은 광종 때부터 본격화되어 현종 때까지 지속됐어요. 그래서 이 시기 주요 인물 간의 관계는 굉장히 복잡하게 얽힙니다.

고려의 태평성대를 여는 8대 국왕, 현종의 즉위까지 드라마보다 극적인 역사가 전개됐어요. 이 이야기는 6대 성종의 두 여동생에서 시작됩니다. 두 여동생의 정체는 헌정왕후와 훗날 천추태후로 불리는 헌애왕후입니다. 헌정왕후와 헌애왕후 두 자매는 5대 왕 경종의 왕후들이었어요. 경종이 27세 젊은 나이로 죽자, 헌정왕후는 본인 집으로 돌아가 살고 있었습니다. 그러다가 근처에 살던 왕욱과 사랑에 빠져 아이를 갖게 되었어요. 문제는 왕욱이 태조 왕건의 아들이자 헌정왕후의 삼촌이었다는 점입니다. 아무리 근친혼이 허용되는 분위기였다고 해도, 혼인도 하지 않은 삼촌과 조카가 정을 통했다는 것은 당시에도 선을 한참 넘은 일이었습니다. 이 사실을 알게 된 성종은 왕욱을 경남 사천으로 귀양 보냈습니다. 서러워 엉엉 울던 헌정왕후는 대문 앞에서 버드나무 가지를 부여잡고 아이를 낳다가 숨을 거뒀어요. 이 아이가 바로 훗날 고려 왕 현종으로 즉위하는 대량원군입니다.

시간이 흘러 6대 성종이 죽고 7대 목종이 18세 나이로 왕위에 올랐습니다. 목종의 어머니는 5대 경종의 다른 부인이자 헌정왕후의 언니인 헌애왕후였어요. 아들 목종을 왕위에 올린 헌애왕후는 아들 대신 섭정하며 전권을 장악했습니다. 천추전에서 절대적인 권력을 휘두르는 그녀를 사람들은 '천추태후'라고 불렀어요.

무소불위의 권력을 휘두르던 천추태후는 죽은 동생이 낳은 대량원군의 존재가 늘 눈에 거슬렸어요. 마지막 남은 태조 왕건의 손자인 대량원군은 명실상부한 왕위 계승 1순위였지요. 천추태후가 원하는 목종의 후계자는 따로 있었습니다. 천추태후는 불륜 관계였던 외척 김치양과 아들을 또 낳았거든요. 어차피 목종은 미모의 동성 연인 유행간과 남색을 즐기느라 후사를 이을 자식이 없었습니다. 결국 조카를 극도로 경계한 천추태후는 대량원군의 머리를 강제로 빡빡 밀고 승려로 만들었습니다. 오늘날 북한산에 있는 신혈사에서 지내던 대량원군은 천추태후의 끊임없는 독살 시도를 피해 불안과 긴장의 나날을 보냈습니다.

그러다 1009년, 목종의 병세가 갑자기 심각해집니다. 목종은 천추태후와 김치양의 아들에게 왕위를 물려주고 싶지 않았어요. 아무리 어머니가 낳은 동생이라 해도, 그는 왕씨가 아니라 김씨 핏줄이었습니다. 그러니 마지막 남은 용손인 대량원군이 왕위를 이어야 마땅하다고 여겼지요. 이제 사태가 긴박하게 흘러갑니다. 목종은 천추태후의 서슬 퍼런 눈길을 피해 어서 대량원군을 안전히 궁궐로 모셔 오도록 했어요. 또한 서북쪽 지역에 있던 강조를 개경으로 불러 자신을 호위하라고 명했습니다. 그런데 계획이 이상하게 틀어지기 시작했어요. 개경으로 열심히 달려오던 강조가 중간에 잘못된 정보를 입수해 목종이 이미 승하했다고 오해한 것입니다.

이미 김치양이 정권을 잡았다고 착각한 강조가 개경의 궁궐로 쳐들어가다가, 뒤늦게 목종이 멀쩡히 살아 있음을 알게 됩니다. 이미 돌이킬 수 없게 된 강조는 이판사판으로 정변을 진행해서 목종을 폐위시켰어요. 김치양과 그의 아들은 곧장 살해당했고, 목종도 쫓겨나던 길에 시해됩니다. 한바탕 궁궐을 뒤집은 강조는 대량원군을 옹립하겠다며 어서 신혈사로 가서 모셔 오라고 명했습니다. 이미 목종이 대량원군을 후계로 정했다는 사실을 몰랐던 거예요.

결국 신혈사의 대량원군 앞에는 목종과 강조가 각각 보낸 사자가 도착했지요. 강조의 오해로 일이 좀 복잡해졌지만, 어쨌든 대량원군은 모두의 바람 속에서 고려 8대 국왕, 현종으로 즉위합니다. 그러나 강조의 정변을 구실 삼은 거란의 황제가 40만 대군을 이끌고 고려에 쳐들어오고 있었습니다.

계속되는 거란의 침입과
백성들의 고통

    거란의 침략은 6대 성종 재위기인 993년부터 시작되었습니다. 거란의 여러 부족을 통합한 야율아보기는 만주의 발해까지 멸망시키더니, 송나라를 툭하면 공격하고 있었어요. 거란에서 바꾼 국명이 바로 요나라입니다.

    급속히 세를 불리며 동북아의 강자로 떠오른 요나라는 고려를 총 3차례 침략했어요. 성종 대에 시작된 거란의 1차 침입 이후, 현종 대에 2차와 3차 침입이 이어졌습니다.

3번에 걸친
거란의 침입

거란의 1차 침입에서 고려는 피 한 방울 흘리지 않고 소손녕이 끌고 온 대군을 막아냈습니다. 그 유명한 서희의 외교 담판이 있었기 때문이지요. 애초에 거란의 목적은 고려를 멸망시키는 게 아니었어요. 거란의 타깃은 대륙에 있는 한족들의 국가, 송나라였습니다. 그런데 고려가 송나라와 친하게 지내고 있으니 신경이 쓰일 수밖에 없었어요. 혹시 송나라를 치러 갈 때 후방에서 고려가 공격이라도 하면 상황이 불리해질 테니까요. 서희는 이 점을 정확히 간파하여 설득을 시작했습니다.

"우리 고려도 사실 너희 거란과 교류하고 싶었지만, 여진족 때문에 그럴 수 없었어. 이참에 고려와 거란 사이에 있는 여진을 우리가 몰아낼 테니, 여진이 있는 땅을 우리가 차지하게 도와주는 게 어때? 여진족을 잘 정리하고 나면, 너희 거란과 잘 지낼게."

이런 식으로 송나라를 손절하고 거란과 친하게 지내겠다는 약속을 한 것입니다. 이것으로 거란은 원하던 바를 정확히 얻게 됐어요. 고려 역시 외교로 대군을 물러나게 한 데다, 덤으로 영토까지 넓게 되었죠. 양측이 모두 깔끔하게 만족한 담판이었습니다. 이때 고려가 얻은 땅에 6개의 성을 쌓고 강동 6주라고 불

서희의 외교 담판을 그린 그림.

렀어요. 이 강동 6주 덕에 고려의 북쪽 국경이 안정됩니다.

우여곡절 끝에 현종이 즉위한 이듬해 1010년, 거란(요)의 황
제 성종은 40만 대군을 이끌고 2차 침략을 감행했습니다. 이번
침략의 공식적인 명분은 강조의 정변에 대한 처벌이었어요. 거
란은 강조가 국왕을 축출한 일을 징벌하겠다고 했지만, 실제 목
적은 고려와 송나라 간의 관계를 단절시키고, 강동 6주를 차지하
기 위함이었죠. 강조는 전투 중에 결국 포로로 잡히고 끔찍한 고
문을 당했습니다. 하지만 그는 끝까지 거란의 신하가 되는 것을
거부하다가 결국 목숨을 잃고 말았어요.

강조의 죽음 이후 결국 개경이 함락되었습니다. 긴박한 상황

에서 현종은 나주로 피난을 떠나야 했어요. 남쪽으로 내려가는 도중에 겁먹은 신하들이 우르르 도망치기도 했고, 지방에서 마주친 세력은 국왕을 푸대접하기 일쑤였습니다. 당시엔 아직 중앙정부의 지배력이 지방 구석까지 뻗치지 못했기 때문이에요. 고된 피난길에서 유일하게 옷과 식사를 바치며 현종을 챙겨준 사람은 공주 절도사 김은부였습니다. 이후 상황을 수습하기 위해 현종은 직접 거란 황제를 찾아뵙겠다는 거짓 약속을 했습니다.

이때 고려의 양규 장군은 철수하는 거란군을 얌전히 보내주지 않았어요. 양규 장군은 결사 항전하여 수많은 거란군을 사살하고, 거란으로 끌려가던 수많은 고려 백성을 구해낸 구국의 영웅이었습니다. 마침내 궁궐로 돌아온 현종은 군사를 정비하고 성을 쌓으며 국방력 강화에 힘을 쏟았습니다. 그리고 1018년, 약속을 지키지 않는 고려를 향해 거란이 3차 침입에 나섰습니다. 하지만 고려의 강감찬은 1019년의 귀주대첩에서 거란군을 거의 몰살했어요. 당대 최강이라 불리던 거란의 10만 대군 중 살아 돌아간 병사는 고작 수천 명뿐이었어요. 이후 고려는 수십 년간 이어진 전쟁에서 벗어날 수 있었습니다.

거란과의 전쟁에서는 뛰어난 인재가 활약했고, 명군 현종이 이들을 이끌며 난국을 잘 수습했습니다. 현종은 전운이 짙어졌음을 미리 파악하여 강감찬에게 총지휘를 맡겼고, 전쟁 승리 이후에는 평화로운 공존의 시대를 열었습니다. 또한 고려 지방제도의 골격을 마련한 것과, 외침을 불심으로 물리치기 위해 초조

대장경을 제작한 것도 현종의 큰 업적이었어요.

더불어 현종이 왕실 외부 세력과 혼인한 점도 눈에 띄는 특징입니다. 100년 넘게 이어지던 왕실의 근친혼 관례에 변화가 생긴 것이지요. 예컨대 현종은 피난길에 인연을 맺은 김은부에게 보답하여 그의 세 딸과 혼인했습니다. 현종은 총 13명의 부인을 두었는데, 대부분 왕실 친족이 아니라 다양한 가문의 부인이었어요. 이처럼 현종은 끝없는 내우외환을 극복한 성군으로 고려 역사에 한 획을 그었습니다.

폭주하는 탐욕, 문벌 전성시대

11세기 현종의 아들들이 연이어 즉위하는 동안 여러 제도가 정비되는 한편, 문벌 가문들의 전성시대가 시작되었습니다. 문벌은 음서제와 공음전으로 특권을 세습하고 있었어요. 음서제는 공을 세운 자의 후손을 관리로 임용하는 제도였고, 공신들에게 주는 토지인 공음전은 조세를 받을 권리인 수조권 세습이 가능했습니다. 이에 따라 기득권층의 경제력은 대대손손 더욱 강해지는 구조였지요.

특히 왕실 외척 가문이 막강한 권력을 휘두르며 정계를 쥐락펴락했는데, 대표적인 집안이 경원 이씨였습니다. 현종의 장인

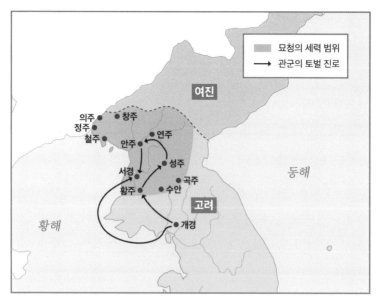

묘청의 서경 천도 운동의 진행 상황을 나타낸 지도.

김은부의 처조카가 바로 이자연인데, 이자연의 세 딸이 모두 문종과 혼인했습니다. 이후에도 경원 이씨 가문은 왕실의 외척으로서 막강한 권력을 휘둘렀어요. 그야말로 고려 중기 최고의 문벌이었지요.

이씨 가문의 후광을 입은 이자겸은 자신의 딸들을 예종과 인종에게 시집보내며 무소불위의 권력을 휘둘렀습니다. 친족들을 요직에 앉혀 매관매직을 일삼은 건 기본이고, 자기 생일을 왕의 생일을 일컫는 인수절이라 칭했습니다. 스스로 군사와 국정을 맡아 다스리는 지국군사가 되고 싶다면서 인종이 직접 자기 집으로 와서 책봉하도록 요구하기까지 했어요.

무례함이 도를 지나치니 인종도 이자겸을 무척 싫어할 수밖에요. 이에 평소 이자겸을 못마땅하게 여기던 세력이 인종을 중심으로 모여들었습니다. 그러자 이자겸은 1126년, 척준경과 함께 난을 일으켜 정권을 장악했어요. 이것이 이자겸의 난입니다. 하지만 이자겸과 척준경 사이에 불화가 생기면서 결국 척준경이 이자겸을 몰아냅니다. 이자겸은 유배지에서 죽고, 얼마 못 가 척준경도 유배되어 쓸쓸히 죽게 됩니다. 이렇게 한바탕 피바람이 분 뒤, 개경의 귀족들은 한층 더 혼란해지고 민심도 뒤숭숭해졌습니다.

그 와중에 묘청을 중심으로 서경 출신 귀족 세력이 들고 일어납니다. 묘청과 서경 세력은 풍수지리설에 따라 수도를 서경으로 옮겨야 한다고 주장했어요. 더불어 금나라를 정벌해야 한다며 서경 천도 운동을 일으켰죠. 그동안 여진 세력을 통합한 아골타가 금나라를 세운 뒤 고려를 압박하고 있었거든요. 하지만 개경에 뿌리를 내려온 귀족들은 서경 천도를 절대로 받아들일 수 없었습니다. 결국 개경파 문벌 김부식이 묘청의 난을 진압하면서 서경파는 몰락했어요. 문신 위주의 정치가 이어진 문벌 지배기는 결국 1170년, 불만이 폭발한 무신들의 정변으로 종결됩니다.

무신 정권과
대몽 항쟁

　무신정변이 성공하면서, 17대 명종이 꼭두각시 왕으로 옹립되었습니다. 이후 1270년까지 약 100년간 무신의 시대가 이어졌어요. 반란을 이끈 무신 정권의 집권자들은 서로 죽고 죽이는 릴레이 살육전을 펼쳤습니다. 이의방, 정중부, 경대승, 이의민에 이르는 하극상이 이어지다가 마지막엔 최충헌이 승기를 잡게 되었죠. 그사이 가난과 수탈에 고통받던 농민과 천민들이 대대적인 민란을 일으켰습니다. 1176년 공주 명학소에서 망이·망소이의 난이 있었고, 1198년엔 최충헌의 노비 만적이 난을 일으키려다 실패했어요.

　최충헌이 이의민을 죽인 1196년부터는 60년간의 최씨 무신 정권이 이어집니다. 최충헌은 독자적인 정치기구 '교정도감'을 설치했는데, 교정도감의 수장인 교정별감의 직책을 맡아 국정을 총괄했습니다. 최씨 무신 정권이 이어지던 때는 아시아 전체가 전쟁으로 쑥대밭이 되었어요. 칭기즈 칸이 몽골을 통일하고 세계 제국 건설에 나선 것입니다. 몽골에 쫓겨 온 거란이 고려 땅 강동성을 차지하자 몽골군과 고려군이 손을 잡았고, 1219년에 거란군이 항복합니다. 이후 몽골은 고려와 형제 관계를 맺고 공물을 요구했어요. 1225년에 공물을 챙겨 돌아가던 몽골 사신이 귀국길에 피살당하자 몽골은 고려 짓이라고 의심해 보복을 다짐

관군뿐 아니라 백성들이 힘을 합쳐 싸운 처인성 전투를 그린 그림.

합니다.

　이로써 1231년, 살리타 장군이 이끄는 몽골군이 쳐들어옵니다. 이것은 약 30년간 이어진 고려 침공의 서막이었어요. 과연 몽골의 군대는 강력했으나 고려군의 저항도 만만치 않았습니다. 강화를 맺고 몽골군이 철수하면서 몽골 1차 침입이 막을 내렸지요. 최충헌의 권력을 이어받은 아들 최우의 주장으로 고려는 1232년, 강화도로 천도했습니다. 강화도는 첩첩한 산과 센 물살이 성을 둘러싸고 있어 방어에 적합한 천연 요새였어요.

　이어진 침략에서 몽골군은 얼른 섬에서 나와 항복하라고 요구하며 국토를 쑥대밭으로 만들었습니다. 고려의 백성들은 침략자 앞에 나서서 항전했어요. 특히 살리타 장군을 피살한 처인성 전투에서는 고려군뿐 아니라 백성, 승려까지 손에 창, 칼, 돌멩이를 들고 죽을힘을 다해 싸웠어요. 세계 최강이었던 몽골군에게 자발적으로 맞서 싸운 수많은 민초들 모두가 고려의 전쟁 영웅이었습니다.

몽골 3차 침입 땐 황룡사구층목탑이 파괴됩니다. 고려인들은 팔만대장경을 만들며 처절한 싸움을 이어갔어요. 인류 최고의 목판 예술품이라 불리는 팔만대장경은 역작으로 평가됩니다.

결국 고려 왕이 몽골에 가서 항복하겠다 약속하면서 1239년, 몽골군이 물러납니다. 몽골이 계속 요구하는 것은 '출륙환도'였어요. 고려 조정이 섬에서 나와 개경으로 복귀하고 몽골 칸에게 와서 항복하라는 거였지요. 고종은 개경 환도를 원했지만, 최우의 뒤를 이은 최항은 대몽 강경론을 고수하며 굳건히 버텼습니다.

팔만대장경이 수장된 해인사 법보전 내부 전경.

원 제국의 간섭과
고려의 최후

1258년 무오정변으로 약 60년간 이어진 최씨 무신 정권이 무너집니다. 최항에게 권력을 이어받은 아들 최의가 김준, 유경 등의 세력에 의해 살해된 것입니다. 이때 형식적으로나마 정권을 되찾은 고종은 치열했던 대몽 항쟁을 마무리 짓고자 태자를 몽골로 보냅니다. 당시 몽골 내부에선 황제 자리를 놓고 쿠빌라이와 아리크부카 세력이 대립하고 있었어요. 태자는 쿠빌라이에게 고려의 운명을 베팅했습니다.

쿠빌라이는 30년간 버티며 끝까지 항전한 고려의 태자가 자기를 찾아왔다는 사실에 크게 기뻐했어요. 옛날에 당태종도 굴복시키지 못한 나라에서 스스로 항복해 왔다면서, 이는 하늘의 뜻이라고 강조했어요. 물론 그것은 고구려 시절 이야기였지만, 쿠빌라이는 이 일로 부족한 정통성을 채워 스스로 위상을 드높이고자 했던 것입니다. 쿠빌라이는 태자가 요구한 6가지를 들어줍니다. 그중 특히 고려의 풍속을 고치지 않겠다는 이른바 '불개토풍不改土風'을 약속했어요. 이 약속은 고려왕조 체제를 지키는 중요한 근거가 되었습니다.

무신 정권의 몰락과
삼별초의 난

고종의 승하 소식에 귀국한 태자는 고려 24대 왕, 원종으로 즉위했고, 비슷한 시기에 쿠빌라이도 황위에 올랐습니다. 원종은 친몽 정책을 통해 왕권을 회복하겠다는 뜻을 품었어요. 몽골은 고려 조정의 개경 환도를 재촉했지만 원종은 뜻대로 할 수가 없었습니다. 최씨 무신 정권이 무너진 뒤에도 고려 왕권은 완전히 복구되지 않은 상태였기 때문입니다. 새로운 무신 정권을 이끌던 김준은 자신들의 세력 기반인 강화도를 포기할 마음이 없었어요. 왕권 회복의 의지를 다진 원종은 결국 1268년에 김준을 제거하고 2년 뒤 마침내 개경 환도를 완료하며 무신 정권을 완전히 무너뜨립니다.

삼별초의 항쟁을 그린 그림.

그러자 원종과 친몽 정권에 반대하는 '삼별초의 난'이 일어납니다. 삼별초는 무신 정권에 의해 만들어진 뒤 대몽 항쟁 과정에서 성장한 고려 최강의 전투 병력이었어요. 하지만 결국 여몽 연합군은 1273년에 삼별초를 무너뜨렸습니다. 이후 1274년에 원종이 죽고, 태자 심이 25대 충렬왕으로 즉위합니다. 그사이 쿠빌라이 칸은 몽골 제국의 국호를 '대원'으로 선포한 상태였지요. 충렬왕은 1271년에 이미 원나라로 가서 쿠빌라이 칸(원세조)의 사위가 되어 있었습니다. 원종이 그토록 원했던 대로 쿠빌라이 칸의 딸 제국대장공주와 혼인한 것입니다. 충렬왕이 고려로 돌아올 때 스스로 변발한 모습을 보고 고려 백성들의 통곡 소리가 자자했다는 일화는 유명합니다. 이렇게 고려는 원나라와 새로운 관계를 형성하기 시작했어요.

원나라는 세계적인 제국을 이루면서 여러 국가를 정복했습니다. 고려 역시 약 100년간 원 제국의 지배를 받으며 정치, 경제, 사회 모든 면에서 간섭받아야 했지요. 한편으로 고려는 부마국으로써 국권과 정체성을 유지했습니다. 원이 고려를 제후국으로 여겨 '왕'이라는 칭호로 불렀지만, 고려 왕 이름 앞에는 원에 충성한다는 뜻의 충忠이 붙게 됩니다.

새로운 세력
신진사대부의 성장

이후 고려 사회에는 다양한 변화가 일어났어요. 쿠빌라이 칸은 고려에 전쟁 물자를 준비시켜 일본 정복을 시도했다가 결국 실패합니다. 원나라의 요구에 강제로 끌려간 젊은 여자들을 '공녀'라고 불렀는데, 공녀는 원 황제의 궁녀 혹은 신하의 첩이 되거나 노비로 팔려 갔어요. 원나라 황제의 입김 아래 고려에는 원나라에 충성하는 친원파가 생겨납니다. 친원파는 점차 권력을 쥐며 출세하기 시작했어요. 이렇게 원나라를 등에 업고 관료계를 장악한 새로운 지배층이 바로 '부원세력'입니다.

부원세력은 불법으로 땅을 빼앗고 멀쩡한 양민을 노비로 만들기도 했어요. 가장 대표적인 부원세력이 바로 기황후의 오빠 기철입니다. 기황후는 공녀로 원나라에 갔다가 황후로 등극해 파란만장한 삶을 산 인물이지요. 원나라에 온갖 공물을 바치느라 국고가 남아나지 않았고, 그럴수록 백성에 대한 수탈은 더 심해졌습니다. 권세가를 처벌하기 위한 개혁이 몇 번 시도됐지만, 원의 간섭 아래 있는 한 근본적인 개혁은 어려웠어요.

그러다 14세기 중엽, 31대 공민왕이 원나라 배척 운동을 벌이며 나라를 뜯어고치기 시작합니다. 왕위에 오르자마자 몽골식 복장과 변발 금지를 외치며 친원파인 기철을 죽이고 뺏긴 땅도 되찾았어요. 이러한 개혁이 가능했던 것은 원나라가 제국을 이룬 지 100년도 안 돼서 빠르게 무너지고 있었기 때문입니다.

정치적 혼란과 재정 위기로 원이 약해지자, 그동안 몽골인이라면 치를 떨던 한족들이 홍건적의 난을 일으켰어요. 홍건적 출신 주원장이 후에 명나라를 세우게 되지요. 이렇게 원이 혼란한 틈에 공민왕은 떠돌이 승려였던 신돈을 등용하여 나랏일을 맡겼어요. 신돈은 권문세족이 빼앗은 땅을 본래 주인에게 돌려주었고, 성균관을 크게 키워서 젊은 유학자를 대거 배출합니다.

이런 환경 속에서 고려 말에 새롭게 성장한 정치 세력이 바로 '신진사대부'입니다. 대체로 지방 중소 지주층이었던 이들은 성리학적 소양을 갖추고 과거에 급제해 중앙 정계에 진출한 자들이었어요. 이색, 정몽주, 정도전 등으로 대표되는 신진사대부는 사회적 모순을 뜯어고치자며 개혁에 적극적으로 참여했습니다. 또한 외적의 공격을 물리치며 백성들의 인기를 한 몸에 받은 뛰

이성계의 우라산성 전투를 그린 그림.

어난 장군들이 있었어요. 홍건적과 왜구를 시원하게 격퇴한 이성계와 최영이 대표적이에요. 이들이 바로 '신흥 무인 세력'입니다. 신흥 무인 세력의 이성계와 신진사대부 정도전은 같은 방향을 바라보는 개혁 동지가 되었어요.

고려의 운명을 바꾼
위화도회군

원명 교체기가 이어지던 중, 원나라 땅을 대부분 차지한 명나라가 고려에 갑자기 청천벽력 같은 소식을 통보합니다. 고려 북쪽 땅이 원래 원나라 땅이었으니, 이제는 그 땅이 명나라 땅이라는 겁니다. 우왕과 최영 장군은 고려 영토를 침해했다며 명나라를 공격하자고 합니다. 이성계는 4가지 이유를 내세우며 끝까지 반대했지만 우왕은 출병을 명했어요. 그런데 아이러니하게도 출병을 원했던 최영은 남아서 우왕의 곁을 지키고, 이에 반대했던 이성계가 출정합니다.

그리하여 이성계가 이끄는 5만여 대군이 압록강에 있는 작은 섬, 위화도에 이르렀어요. 이곳에서 이성계가 역사의 물줄기를 뒤바꿀 결정을 내렸으니, 1388년의 '위화도회군'입니다. 장수들의 절대적인 지지를 얻은 이성계는 위화도에서 개경으로 말머리를 돌려 최영을 죽이고 우왕을 내쫓았어요. 그 뒤 창왕을 세웠다가 몇 달 만에 공양왕을 옹립하면서 이성계 인파가 조정을 장악합니다.

고려 조정은 개혁에 뜻을 두고 고민에 빠졌으나, 추구하는 방향이 달라 의견이 갈라졌어요. 정도전을 비롯한 급진 세력은 성리학 질서 아래 운영되는 새 왕조를 세우자고 외치며, 이성계를 새 나라의 왕으로 추대하려 했습니다. 반면 온건 세력인 정몽주 일파는 고려를 지키면서 점진적으로 개혁하길 원했어요. 이방원과 정몽주의 입장 차이를 보여주는 설화가 있습니다. 이성계의 아들 이방원이 정몽주의 마음을 떠보기 위해 〈하여가何如歌〉를 지었습니다.

이런들 어떠하며 저런들 어떠하리
만수산 드렁칡이 얽혀진들 어떠하리
우리도 이같이 얽혀져 백년까지 누리리라.

거사를 함께 도모해 부귀영화를 누리자는 이방원의 달콤한 제안을 정몽주는 답가인 〈단심가丹心歌〉로 단호하게 거절합니다.

이 몸이 죽고 죽어 일백 번 고쳐 죽어
백골이 진토되어 넋이라도 있고 없고
님 향한 일편단심이야 가실 줄이 있으랴.

고려를 향한 정몽주의 충절은 너무도 단단했어요. 결국 이방원은 고려의 마지막 충신 정몽주를 살해했습니다. 이제 이성계의 앞을 막을 자는 아무도 없었어요. 이렇게 1392년, 공양왕이 쫓겨나면서 이성계가 새 왕조를 열고 이듬해 나라 이름을 조선이라고 하였습니다. 강력한 군사력과 유연한 외교력, 개방적인 정책으로 격변하는 국제 정세에 능동적으로 대처했던 고려. 그 474년간의 파란만장한 역사가 끝나고, 한반도는 또다시 새 시대를 향해 걸어가기 시작했습니다.

PART 04

조선왕조
500년의 출발

조선 전기 주요 사건 연표

연도	사건
1392년	조선 건국
1394년	한양 정도
1413년	호패법 실시
1419년	쓰시마섬 토벌
1443년	훈민정음 창제
1466년	직전법 실시
1485년	《경국대전》 완성
1498년	무오사화
1504년	갑자사화
1506년	중종반정
1519년	기묘사화
1545년	을사사화
1592년	임진왜란

최고령으로
임금에 등극한 태조

1392년, 한반도의 마지막 왕조인 조선왕조가 시작됐습니다. 1897년에 국호를 대한제국으로 변경한 뒤 1910년 일제에 의해 국권을 상실할 때까지, 조선왕조는 총 518년간 존속했어요. 조선시대는 약 500년에 걸친 긴 시간 동안 이어졌기 때문에, 이를 전반적으로 이해하기 위해서는 주요 시기를 나누어 보는 것이 좋습니다. 일반적으로 조선시대를 전기와 후기로 나누는 기준은 임진왜란과 병자호란입니다. 여기서 좀 더 세분하여 각 세기별 특징을 기억해두면 조선의 전체적인 그림이 더 수월하게 그려질 거예요.

먼저 14세기와 15세기는 국가 체계가 새롭게 정비되는 시기입니다. 어릴 적 앞 글자만 따서 외운 조선 왕 계보를 기억하시지요? '태정태세문단세예성'까지 이 시기에 해당합니다. 조선의 문을 연 태조부터 기틀을 완성한 성종까지가 14~15세기 임금이에요. 16세기는 연산군부터 선조까지의 시기입니다. 신진 세력인 사림이 정국을 이끌다가 내부적으로 분열해가고, 임진왜란이 발발하며 한반도가 큰 전쟁의 충격에 휩싸인 시기였어요.

17세기는 광해군으로 시작해 숙종으로 끝납니다. 임진왜란 이후에도 혼란이 이어졌어요. 오랑캐라고 무시하던 후금이 덩치를 키워 정묘호란을 일으켰고, 후금이 청으로 국호를 바꿔 병자호란을 일으켰지요. 조선의 국왕 인조가 청태종 앞에서 굴욕적인 항복 의식을 해야 했던 사건도 17세기의 일이었어요. 내부적으로는 여러 정치 세력이 공존하며 경쟁하는 붕당정치가 전개되었습니다.

그러나 붕당정치의 경쟁 과열로 폐단이 극심해지자 18세기 영조와 정조는 탕평 정치를 펼쳤어요. 강력한 왕권으로 붕당 간 균형을 맞추려고 노력했지요. 하지만 결국 견제와 균형이라는 붕당정치의 순기능까지 무너지면서, 19세기에는 세도정치가 전개됩니다. 특정한 외척 가문의 권력 독점으로 국운은 기울고, 백성의 곡소리가 끊이지 않던 암흑기가 약 60년간 이어졌어요.

이후 고종 재위기인 19세기 말부터 개화기가 시작됩니다. 걸어 잠갔던 문이 활짝 열리면서 조선은 근대의 소용돌이 속으로 휘말려 들어갔어요. 이후 1910년부터 1945년까지 일제강점기가 지나가고, 해방과 남북 분단 이후 현재의 대한민국까지 역사가 이어집니다.

조선의 포문을 힘차게 연
태조 이성계

1392년, 조선의 1대 임금 태조는 즉위 후에도 당분간 나라 이름을 고려로 유지했어요. 한국사에서 왕조가 바뀌는 일은 아주 드문 일이고, 왕조 교체는 국가의 정체성이 새롭게 정립되는 큰 사건이었습니다. 새로운 지배 계층과 새로운 통치 이념이 등장하면서 전체적인 국가 구조에 변화를 부르는 계기가 되었지요. 그래서 태조는 민심의 동요를 막기 위해 일단 국명도 그대로, 국가 제도 역시 고려왕조 때처럼 유지하고, 1393년에야 나라 이름을 조선으로 바꿨습니다.

태조는 이미 노쇠한 나이로 왕위에 올랐어요. 조선 왕들의 평균 수명은 약 47세였는데, 막 즉위한 태조의 나이는 이미 57세였죠. 하지만 그의 옆엔 든든한 정치 파트너 정도전이 있었습니다. 조선 최고의 건국 공신 정도전은 탁월한 능력으로 초기 조선을 주도적으로 설계하기 시작합니다. 태조는 그런 정도전을 깊이 신뢰하며 힘을 실어주었죠.

국보 제317호인, 조선을 건국한 태조의 어진.

먼저 1394년 조선의 도읍이 한양으로 정해졌어요. 한양으로 수도를 천도하는 과정은 쉽지 않았습니다. 긴 세월 고려왕조의 터전이었던 개경은 고려 기득권층의 근거지라 반대 세력이 많았습니다. 태조에겐 새 시대에 걸맞은 새 도읍이 필요했어요. 반대를 무릅쓰고 개경을 출발한 이성계가 풍수 명당이라는 한양에 당도하면서 마침내 한양 시대가 열렸습니다.

정도전은 두 팔 걷어붙이고 새 수도 한양을 구석구석 설계했어요. 한양 도성을 지키는 4개의 대문과 보신각에 유학의 핵심 덕목 '인의예지신'의 뜻을 담았어요. 그래서 사대문의 이름을 각각 흥인지문, 돈의문, 숭례문, 숙청문(숙정문)으로 지었습니다. 본래 '지'가 들어가야 할 숙정문이 원래 소지문이었다는 해석이 있어요.

정도전은 1394년, 태조에게 《조선경국전》을 편찬해 바쳤습니다. 이 책은 국정을 운영하는 데 필요한 이론을 정리한 법전이었어요. 건국 이념과 관직 체계를 비롯한 기본 정책 방향까지 정리되어 있었죠. 이 책을 본 태조는 크게 감탄할 수밖에 없었어요. 이런 정도전이 꿈꾼 새로운 세상은 왕권 중심이 아닌 신권 중심의 국가였어요. 혈연으로 세습되는 왕조 체제의 부작용을 우려한 것입니다. 혹여 능력 없는 아들이 왕위를 물려받아 나라를 망치지 않도록, 국왕을 바르게 이끌어주는 재상의 역할을 강조했습니다.

임금의 직책은 한 사람의 재상을 논의하는 데 있다. 재상은 위로는 임금을 받들고 아래로는 백관을 통솔하며 만민을 다스리는 것이니 그 직책이 크다. 또 임금의 자질에는 어리석음과 명석함, 강인함과 미약함의 차이가 있으니, 임금의 아름다운 점은 순종하고 나쁜 점은 바로잡으며 옳은 일은 받들고 옳지 않은 것은 막아 임금으로 하여금 가장 올바른 길에 들게 해야 한다.

- 《삼봉집》 권7, 《조선경국전》 상, 〈치전〉, 총서

조선의 정체성을 세운 또 다른 특징은 명나라를 섬기는 사대 정책에 있었습니다. 또한 불교를 배척하고 유교 국가의 기틀을 다지고자 했어요. 특히 정도전은 《불씨잡변》이라는 책까지 저술해서 불교적 관점을 하나하나 비판했는데, 책 제목부터 경멸의 분위기를 물씬 풍깁니다. 불씨라는 말은 '부처'를 '부처 씨'로 낮춰 부르는 표현이었으니 말 다 했지요. 이것은 고려 말에 타락한 불교 세력이 권세가와 결탁해 심각한 사회적 폐단을 만들었기 때문입니다.

한편 태조가 고령이었던 만큼 후계자를 선정하는 일은 매우 중요했습니다. 태조는 조선을 건국하기 전에 첫 번째 부인 신의왕후 한씨에게서 6명의 아들을 낳았어요. 그리고 건국 후 두 번째 부인 신덕왕후 강씨에게서 2명의 아들을 얻었지요. 흔히 조선의 왕들은 여러 명의 아내를 두었으니, 조선 왕실에서 일부다처제가 허용됐다고 오해하기 쉽습니다. 하지만 조선 왕실에서는

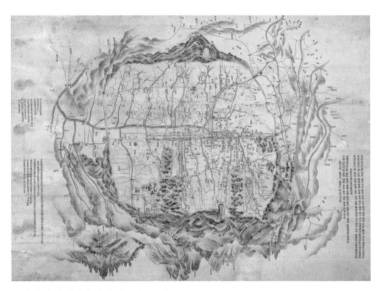
조선 후기에 제작한 한양 지도인 〈도성도〉.

일부일처제에 따라 단 한 명의 왕비만을 정실부인으로 둘 수 있었어요. 왕비 한 사람만이 온전한 형식의 혼례를 올릴 수 있었고, 유일한 국모로서 내명부 서열의 정점에 앉을 수 있었지요.

　왕의 다른 아내는 모두 후궁 신분으로 거처와 자식까지 차별받았습니다. 드라마에서 흔히 왕비를 중전 혹은 중궁이라고 부르잖아요. 이는 궁의 중심에 있는 거처에 계시는 분이라는 의미입니다. 반면 후궁이라는 말은 본래 궁궐의 깊숙한 곳을 의미했고, 실제로 후궁들은 중궁 뒤쪽 구석진 건물에서 지내야 했어요. 이성계의 첫 번째 부인 신의왕후 한씨는 조선 건국 전에 사망했으므로, 조선 건국 후에 맞이한 두 번째 부인 신덕왕후 강씨가 조선 최초의 왕비가 되었습니다.

총 8명의 형제 중 왕세자로 책봉된 사람은 누구일까요? 아무래도 죽은 첫 번째 부인보다는 현직 조선의 국모인 신덕왕후의 입김이 셀 수밖에 없었겠지요. 결국 신덕왕후의 두 아들 중 11세 막내 이방석이 조선 최초의 왕세자로 책봉됩니다. 하지만 이를 본 이방원의 가슴엔 분노가 일었습니다. 지난날 고려로 상징되는 정몽주까지 살해하며 적극적으로 조선 건국을 도왔건만, 뜬금없이 적장자도 개국공신도 아닌 막내가 세자 자리를 꿰찼다는 사실을 믿을 수 없었던 것입니다.

결국 이방원은 또다시 피를 묻히기로 합니다. 자신을 지지하는 세력을 모으고 군사를 일으켜서 세자 이방석과 이방번까지 죽였어요. 두 이복동생을 모두 살해한 것입니다. 이때 정도전까지 살해당하면서 조정에는 한바탕 피바람이 불었어요. 이것이 1398년에 일어난 1차 왕자의 난입니다.

이때 태조 이성계의 심정은 어땠을까요? 위화도회군 때부터 한양 건설에 이르기까지, 조선 건국 전후의 모든 굵직한 일들은 죄다 정도전의 머릿속에서 구상된 기획이었습니다. 애초에 북방의 전장을 누비던 이성계를 찾아가 세상을 뒤집자는 뜻을 불어넣은 이도 정도전이었지요. 그렇게 손잡고 조선을 개국한 정도전은 물론이고 귀한 아들을 둘이나 한 번에 잃고 말았습니다. 결국 태조는 한양을 떠나 고향 함흥으로 돌아갔습니다.

끝나지 않은
왕자의 난

권력을 장악한 이방원은 곧장 왕위에 오르지 않고 둘째 형 이방과에게 왕위를 양보했습니다. 왕자의 난을 일으킨 이유로 적장자 승계 원칙을 내세웠기 때문에 이방원 역시 왕이 될 수 없었어요. 첫째 형은 이미 사망했으므로 둘째 형 이방과를 밀어줘야 했지요. 이로써 1398년, 조선 2대 임금 정종이 즉위했습니다.

정종은 이방원의 그늘에서 존재감이 미약했지만, 사실 그는 고려 말 아버지 이성계와 함께 전장을 누비며 왜구를 때려잡던 상남자였어요. 하지만 왕위나 권력에 관심도 없던 그가 동생 뜻대로 왕위에 올랐으니 제대로 기를 펴기 어려웠습니다. 그래도 정종은 자기 나름대로 왕권을 안정시키기 위해 노력했어요.

특히 정종 때 처음으로 분경을 금하는 교지를 내렸습니다. 비록 시행되진 못했지만요. 이것은 일종의 로비 금지법이었습니다. 조선의 관료들이 출세를 위해 윗사람 집에 드나들며 부정한 청탁 등을 하지 못하게 단속하는 거였지요. 또한 정종은 형제간의 끔찍한 살육이 벌어진 한양을 떠나 다시 개경으로 도읍을 옮겼어요. 하지만 천도한 지 얼마 되지 않아 또다시 2차 왕자의 난이 터졌습니다.

이번에는 어떤 왕자가 난을 일으켰을까요? 주모자는 태조의 넷째 아들 이방간이었습니다. 이방간은 권력욕을 품고 살았지만 잘나가는 동생 이방원의 그늘에서 시기심만 키우고 있었어요. 이런 이방간의 옆에는 박포라는 인물도 있었습니다. 박포는 원래 1차 왕자의 난 때 이방원을 도운 무신이에요. 당시 큰 공을 세웠음에도 일등 공신에 봉해지지 않아 불만을 품고 이방간과 손을 잡은 것입니다. 이렇게 이방간과 이방원이 한 판 붙은 사건이 1400년 2차 왕자의 난입니다.

이번에도 승기를 잡은 이방원은 대세를 더 굳혔어요. 이미 형제를 죽여본 이방원이 자신을 공격한 형을 죽였을까요? 이번엔 상황이 조금 달랐습니다. 1차 왕자의 난 때는 배다른 형제 2명을 죽인 것이지만, 이방간은 같은 어머니를 둔 친형이었어요. 차마 친형을 죽이진 못하고, 책임을 '독박' 쓴 박포가 처형되었습니다. 2차 왕자의 난 이후 정종은 이방원을 아들로 삼아 왕세자로 책봉합니다. 원래 왕의 동생이 후계자가 되는 경우 왕세제로 책봉해야 했지만, 이방원에게 더 안정적인 후계 구도를 만들어주려는 조치였다고 볼 수 있습니다.

문무를 겸비한 태종을 이은
열정파 천재 왕의 등장

정치적 목적을 이루기 위해 물불 가리지 않고 달려온 이방원이 마침내 1400년, 3대 태종으로 즉위합니다. 태종 이방원에게는 뜻밖의 이력이 있었으니, 조선 임금 중 유일한 과거 급제자였습니다. 물론 조선 건국 이전, 16세 어린 나이에 고려에서 이룬 성과였지요. 이성계는 무척 기뻐했습니다. 무인을 배출하던 집안에서 음서제도 아닌 과거 급제로 당당히 관직에 오른 아들이라니, 어린 이방원은 아버지 이성계의 자랑이었어요. 이방원은 글재주가 뛰어난 유학자인 동시에 무예 실력까지 갖춘 인물이었습니다. 또한 몇 차례 명나라를 방문해 주원장과 아들 주체(훗날의 영락제)를 만난 경험은 그의 견문을 넓혀주었어요.

하지만 조선 개국 전후로 이방원의 거침없는 행보가 이어지자 부자 관계는 악화되고 말았습니다. 차근차근 단계를 밟아온 이방원은 즉위 준비에 앞서 상왕 태조와의 관계를 개선하려고 노력했어요. 태조가 고향 함흥으로 가서 돌아오지 않으니, 이방원은 아버지를 모셔 오라며 계속 차사를 보냈죠. 야사에 따르면 차사들이 함흥에 가면 죽어서 돌아오지 못했다고 하는데, 이 이야기가 퍼져 떠난 사람이 돌아오지 않을 때 쓰는 '함흥차사'라는 표현이 생겼다고 전해집니다.

부자간의 갈등은 태종 2년, 조사의의 난으로 불거졌어요. 조사의는 신덕왕후 강씨의 친척인데, 이방원을 몰아내 신덕왕후의 원수를 갚겠다며 반란을 일으켰어요. 이때 조사의는 동북면의 세력을 모아 군대를 이끌었는데, 사실상 이 사건의 배후에 태조 이성계가 있었다고 보고 있어요. 결국 조사의가 처형되고 난은 진압됐으며 이 일로 태조는 결국 환궁합니다.

왕권 강화에 일생을 바친
태종 이방원

태종은 쿠데타로 얼룩진 왕통의 정당성을 회복하고 왕권을 강화했습니다. 태종의 치세에 여러 제도를 정비한 결과 조선왕조의 튼튼한 기반이 마련되었어요. 먼저 사병을 동원해 왕자의 난에서 승리한 태종은 권력을 장악하자마자 사병을 철폐했습니다. 다른 권력자들의 사병은 태종에게 잠재적인 위협 요소였기 때문입니다. 또한 반대파를 철저히 숙청하고 여러 제도를 정비하면서 중앙집권 체제를 확립해나갔어요. 애초에 태종은 재상 중심의 정치를 추구하던 정도전과 생각이 달랐습니다. 강력한 권력을 가진 국왕이 중심이 되는 정치 질서를 추구했지요.

이를 위해 태종은 의정부서사제를 폐지하고 6조 직계제를 시행합니다. 원래 왕명은 오늘날 국무총리에 비견되는 의정부 재상을 거쳐 오늘날 행정각부 장관급의 6조로 내려갔어요. 하지만 의정부를 없애면서 국왕이 6조에 직접 명령을 내리고 6조의 보고를 직접 받게 된 것입니다. 이로써 의정부 삼정승(영의정·좌의정·우의정)의 입김은 약해지고, 국왕이 실무를 장악하며 강력한 왕권을 확보했습니다.

나라의 최고 정책 심의 기구인 의정부와 실무 부서인 6조 외에도 언론을 담당하는 기구가 있었습니다. 그중에서 왕에게 직언하는 '사간원'은 태종 대에 독립 기구로 설립되었습니다. 사간원의 역할은 왕에게 용감하게 직언하는 거였어요. 또한 사헌부에서는 관리 감찰과 탄핵을 담당했습니다. 두 기관 모두 언론 담당이었는데 묶어서 대간이라고 불렀습니다. 태종은 권신 세력을 견제하기 위해 대간의 역할이 중요하다고 여겼어요. 태종은 대간 제도를 정비하여 대간이 간언할 때 사소한 일은 직접 왕을 대

면하여 이야기하도록 하고, 기밀 사항은 상소를 써서 밀봉하여 담당 대간이 직접 제출하도록 했습니다. 조선에서는 사헌부와 사간원, 후에 만들어진 홍문관까지 셋을 합쳐 '삼사'라고 불렀어요.

또한 1413년에 태종은 한반도를 8개의 도道로 나누었습니다. 8도의 명칭은 경기도, 강원도, 경상도, 전라도, 충청도, 황해도, 평안도, 함경도입니다. 훗날 1896년, 고종이 다섯 도를 남북으로 나누고, 1946년에는 제주도가 전라남도에서 분리되어 독립하는 등 행정구역의 편제가 바뀌었지만, 오늘날에도 흔히 한반도를 '팔도'라고 표현하지요.

가장 많은 업적을 남긴 세종대왕

태종의 뒤를 이어 즉위한 이는 태종의 셋째 아들 충녕대군입니다. 그가 바로 조선 최고의 성군으로 칭송받는 조선 4대 임금 세종이지요. 원래 왕세자로 책봉된 이는 태종의 장남 양녕대군이었습니다. 적장자로서 왕세자가 된 양녕은 태종의 기대에서 자꾸 벗어났어요. 공부를 게을리하고 제멋대로 행동하며 나날이 실망스러운 모습을 보였어요. 반면 어릴 때부터 총명했던 충녕대군은 밤새도록 글 읽기를 즐겼습니다. 학문에 푹 빠진 충녕의 건강이 걱정되어 태종이 밤에는 글을 읽지 못하게 할 정도였습니다.

태종은 대놓고 양녕과 충녕을 비교한 적도 있어요. 1416년 태종이 경회루에서 신하들과 술자리를 즐기고 있었는데, 충녕이 유교 경전의 문구를 읊으며 태종을 감탄하게 했습니다. 곧이어 태종은 세자 양녕을 돌아보며 "너는 학문이 어째서 이만 못하냐?" 하고 핀잔을 주었어요. 그래도 태종은 세자에게 인내심을 발휘했지만 양녕의 행보는 도를 넘기 시작했습니다.

어느 날 세자 양녕은 어리가 대단한 미인이라는 소문을 듣고 계속해서 만날 기회를 엿봤어요. 문제는 어리가 은퇴한 양반의 첩이라는 점이었습니다. 하지만 세자 양녕은 개의치 않고 어리를 당장 앞에 데려오라고 명했어요. 어리가 남편이 있다며 거절하자 양녕은 어리의 집까지 직접 찾아갑니다. 어리는 일부러 머리에 뭘 묻히고 꼬질꼬질한 행색으로 나왔지만, 그럼에도 양녕은 어리에게 첫눈에 반해버렸어요. 그 길로 양녕은 어리를 데리고 하룻밤을 보낸 뒤 궁에 몰래 데리고 들어갑니다.

이 사실은 금방 태종에게 발각되고 말았어요. 화가 난 태종이 세자를 꾸짖자 세자는 오히려 왜 아버지는 수많은 후궁을 데리고 있으면서 자기는 첩 한 명도 못 데리고 있게 하느냐고 반발했습니다. 결국 1418년, 양녕은 폐세자가 되고 셋째 아들 충녕대군 이도(훗날의 세종대왕)가 세자로 책봉됐습니다. 한편 느닷없이 왕세자가 된 충녕대군은 단 2달 만에 국왕의 자리에 앉게 되었습니다. 태종은 상왕이 되어 충녕을 돕겠다며 스스로 왕위에서 물러났어요. 이렇게 22세 나이로 갑작스레 즉위한 세종은 태종이 안정시킨 정치적 기반 위에서 눈부신 업적을 이룩할 수 있었습니다.

장영실의 등용부터
훈민정음 창제까지

세종은 평생을 바쁘게 일하며 수없이 많은 업적을 남겼습니다. 1420년에 설치한 집현전에 당대 천재들이 모두 모여 학문과 정책 과제들을 연구했습니다. 집현전을 기반으로 성리학적 소양을 갖춘 인재들이 줄줄이 배출되었어요. 집현전 학자들이 성장하면서 세종은 의정부서사제를 부활시켰고 재상이 정무를 결정하도록 했습니다. 물론 사형이나 군사, 인사 관련 중요한 안건은 의정부를 통하지 않고 왕에게 직접 보고를 올리게 해서 왕권과 신권의 균형을 맞췄습니다.

1427년부터 세종은 세자에게 정무를 맡겨 정치를 익히도록 했습니다. 세종은 세자가 덕 있는 군주로서 성리학에 기반한 왕도 정치를 펼치기를 바랐어요. 이에 따라 세종 때 '경연'도 크게 발달합니다. 경연을 통해 학문이 뛰어난 신하들이 왕의 스승으로서 경서와 역사서를 교육하며 왕도 정치를 펼칠 수 있도록 했습니다. 세종은 신하들이 자유롭게 토론에 몰입할 수 있도록 유도했어요. 세종은 능력과 인품을 두루 갖춘 왕이었지만, 무엇보다도 다양한 사람들의 생각과 능력을 하나로 결집하는 힘을 갖추었습니다. 이로써 학문과 정치뿐 아니라 문화와 과학기술 등전 분야에 걸쳐 다양한 성과가 빛날 수 있었어요. 박연을 필두로 국가 행사 때 연주할 궁중음악을 정비해 왕실의 권위를 높였으며, 국악의 대표적 기보법인 '정간보'도 만들었습니다.

특히 세종 시대의 과학기술은 눈부신 발전을 했습니다. 먼저 양력 기준으로 계산한 한국사 최초의 역법서,《칠정산》이 편찬되었어요. 명나라 기준으로 관측하던 기존 방식이 조선과 맞지 않아 세종 14년부터 10년간 연구한 결과물이었지요.《칠정산》에서는 1년을 365일 5시간 48분 45초로 기록했는데, 현대 기준에서 딱 1초 모자란 값이었습니다.《세종실록》에는 "역법에 더 아쉬움이 없다"라고 기록되었어요.

그 외에도 여러 천문 관측 기구와 시간 측정 기구가 개발됩니다. 특히 자격루는 천민 출신 장영실이 제작한 자동 물시계로, 시간마다 종이 자동으로 울려 정밀한 시간 측정을 가능케 했어요. 또한 조선의 실정에 맞게 농법을 체계화한《농사직설》도 편찬되었습니다.

정책 면에서 보면 세종은 관리의 횡포로 고통받던 백성을 위해 세금 제도를 개혁했습니다. 토지 비옥도에 따라 세금을 걷는 '전분 6등법'과 풍년과 흉년의 정도를 따져 세금을 걷는 '연분 9등법'을 도입한 것입니다. 이러한 공법貢法을 시행할 때 세종은

국보 제229호로
지정된 자격루.

약 5달에 걸쳐 전국적인 찬반 투표를 벌였어요. 대신들뿐 아니라
백성들의 목소리도 반영한 것입니다. 조선 역대 임금 중 최고의
소통 왕이었지요.

그런데 세종이 이렇게 나라를 위해 쉼 없이 일하고 평생 학구
열을 불태우다 보니 40대에 들어 건강이 나빠집니다. 특히 시력
이 떨어져 눈앞이 흐릿해지자 결국 1442년부터 왕세자에게 대
리청정을 맡겼어요. 오히려 건강이 악화된 시점인 1443년, 세종
최고의 업적이 탄생하는데, 세계에서 유일하게 창제 의도('백성

을 가르치는 바른 소리')가 밝혀진 문자, 훈민정음이 만들어진 것입니다.

처음에 28자로 만들어진 훈민정음은 자음 17자와 모음 11자로 구성되었습니다. 28개의 글자는 세상의 모든 소리를 담아낼 수 있었어요. 한글은 과학적이고 체계적인 문자로 평가받습니다. 자음과 모음이 결합해 음절을 이루는 방식은 간결하면서 논리적이지요. 예컨대 'ㄱ'은 혀뿌리가 목구멍을 막는 모양을, 'ㅏ'는 하늘과 땅을 의미하는 세로선과 가로선을 본뜬 것입니다. 당시 한자는 익히기가 어려워 백성들에게 정책을 알려 소통하기가 어려웠어요. 백성에 대한 연민과 애정이 강했던 세종은 모든 백성이 한글로 글을 쉽게 익히길 바랐습니다. 세종은 한글의 창제 원리와 사용법을 설명한 《훈민정음해례본》 서문에서 창제 의도를 밝혔어요.

우리나라의 말이 중국말과 달라 한문 글자와 서로 통하지 않으므로 어리석은 백성이 말하고자 하는 것이 있어도 마침내 제 뜻을 표현하지 못하는 사람이 많다. 내가 이를 딱하게 여기어 새로 스물여덟 글자를 만드니, 사람들로 하여금 쉽게 익혀 날마다 쓰는 데 편하게 하고자 할 따름이다.

한편 명나라는 원나라의 악습을 이어받아 조선에 공녀를 요구했습니다. 세종은 사대 외교의 일환으로 이에 응해야 했어요.

명나라에서 조선의 미인을 선발해 보내라고 할 때마다, 세종은 공녀를 뽑는 진헌색이라는 관청을 설치하고 전국에 금혼령을 내렸습니다. 태종과 세종 집권기에만 공녀 114명이 명으로 끌려갔으며, 이들은 주로 궁녀, 요리사, 무희 등이 되었습니다. 황제의 총애를 받던 공녀들도 한순간에 순장, 참수, 낙형 등의 방식으로 쉽게 목숨을 잃어서, 공녀가 떠나는 날이면 조선에 통곡 소리가 가득했다고 합니다. 이는 다수의 백성을 지키고 외침을 피하기 위한 약소국의 고육지책이었습니다.

세 사신이 (간택된) 한씨를 모시고 (중략) (명나라로) 돌아가니 (중략) 도성의 사람들이 한씨의 행차를 바라보고 탄식하며 말하기를 "그의 언니 한씨가 영락제의 후궁이 되었다가 순장당한 것만도 애석한 일인데, 이제 또 (동생까지) 가는구나." 하고 눈물을 흘리는 자도 있었으며, 이때 사람들이 이를 산송장이라 하였다.

- 《세종실록》, 세종 10년 10월 4일

광화문에 있는 세종대왕 동상과 다르게, 실제 세종은 몸집이 육중했어요. 할아버지 태조와 아버지 태종으로 알 수 있듯이 무신 집안이던 세종의 가족들은 모두 체격이 좋고 말타기에 능했지만 세종은 달랐어요. 말타기나 활쏘기 대신 책과 고기를 가까이했습니다. 삼시 세끼 고기를 즐겨 먹고 앉아서 책을 보다 보니 살이 찔 수밖에 없었어요.

태종이 승하하자 예법에 따라 세종은 3년간 고기를 먹을 수 없었어요. 이런 세종을 걱정하며 태종은 내가 죽더라도 세종이 고기반찬을 꼭 먹게 하라고 유언을 남겼어요. 그래도 세종은 아버지를 위해서 두 달간 고기를 끊고 예를 갖추다가 결국 금단현상으로 몸이 허약해져 다시 고기를 먹습니다. 이런 이유로 신하들은 세종이 기력이 없을 때마다 고기를 먹도록 권했어요.

《세종실록》에서도 세종을 높이 칭송했어요. 세종이 약 30년간 재위한 덕에, 세종의 아들 이향은 왕세자 역할을 약 30년이나 하면서 내공을 단단히 쌓았어요. 이렇게 오래 왕세자로 수련한 끝에 이향은 훗날 조선 5대 임금, 문종이 됩니다.

두 얼굴을 가진 세조의
진짜 모습

세종의 며느리들은 괴이한 행보로 여러 차례 궁궐을 발칵 뒤집었습니다. 특히 세종이 세자의 배필로 고르고 고른 세자빈을 연달아 내쫓는 사건이 벌어졌어요. 대체 무슨 일이 일어났을까요? 1421년, 세종은 8세 장남 이향을 왕세자로 책봉했습니다. 세자 나이 14세 때는 휘빈 김씨와 첫 번째 혼인을 시켰어요. 그러나 이 결혼은 오래가지 못했습니다. 휘빈 김씨가 3년 만에 쫓겨난 것입니다.

휘빈 김씨는 남편의 사랑이 고팠습니다. 하지만 세자 이향은 아버지를 쏙 빼닮아 매일 학문에 푹 빠져 있었습니다. 그런데 자신에겐 관심도 없던 남편이 궁녀 효동이, 덕금이에게 눈을 돌렸다는 사실에 세자빈 김씨는 '남편의 사랑을 받는 술법'을 배우기 시작했어요. 예컨대 남편이 좋아하는 궁녀들의 신발을 불태워서 그 가루를 술에 타 먹이면 남편이 자신을 사랑하고 신발 주인과는 멀어진다는 것이었습니다. 휘빈 김씨가 이 술법을 실제로 써먹진 못한 듯하지만, 이 사실을 알고 세종이 크게 분노했습니다. 세종은 국모의 품격에 맞지 않는다며 며느리를 쫓아냈고, 괴상한 술법을 알려준 시녀는 참형에 처했어요.

세종에게 쫓겨난 세자빈들의 궁중 비극사

휘빈 김씨를 폐위한 뒤, 세종은 새로운 며느리를 찾기 시작했습니다. 여러 후보를 고르고 골라 3개월 만에 새로운 세자빈을 간택했어요. 이렇게 세자는 두 번째 부인, 순빈 봉씨를 맞이했습니다. 그러나 두 번째 세자빈 순빈 봉씨도 책봉된 지 7년 만에 폐출됩니다. 1436년에 세종이 "입에 담기조차 수치스러울 만큼 괴이한 일이 있었다."라고 말할 정도였어요. 두 번째 세자빈 봉씨가 궁궐에서 동성애 스캔들을 일으킨 것입니다.

세자빈 봉씨는 결혼 초부터 세자의 사랑을 받지 못했어요. 게다가 남편의 여러 후궁들과 함께 지내면서 질투심이 점점 강해졌습니다. 후궁 권씨가 임신하면서 세자빈의 질투가 폭발하고 말았어요. 혹시나 후궁 권씨가 아들이라도 낳으면 자기는 쫓겨날 거라며 불안해했지요. 궁에는 세자빈의 울음소리가 울려 퍼졌습니다. 이에 세종이 세자빈 봉씨를 불러 "네가 세자빈이 되어도 아들이 없었는데, 승휘가 후사를 이어줬으니 기뻐할 일이 아니냐?"라고 타일렀지만, 별로 위로가 되지 않았지요.

세자빈 봉씨는 가짜 임신 소동을 벌이고, 궁인을 거의 죽기 직전까지 때리기도 했어요. 그녀의 울화증을 달래준 것은 술뿐이었는지, 만취한 채 뜰 한가운데서 여종에게 업혀 다니기도 했습니다. 그러다 마침내 외로움이 극에 달한 세자빈 봉씨는 궁녀에게 집착하기 시작했어요. 궁내에 세자빈이 궁녀 소쌍과 늘 동침한다는 소문이 돌았어요. 세자빈 봉씨는 소쌍이 잠시라도 곁을 떠나면 사랑을 갈구하며 화를 냈고, 소쌍은 이런 상황을 매우 무서워한다는 내용이었지요. 당시 결혼이 금지된 궁녀들 사이에서는 종종 동성애가 행해졌지만, 스캔들의 주인공이 세자빈이라니, 세종은 참을 수 없었습니다.

이렇게 두 번째 세자빈이 쫓겨난 뒤 이향은 양원 권씨를 세번째 빈으로 맞이했어요. 세자빈 권씨는 5년 뒤 아들을 낳고 죽었는데, 이 아이가 훗날 단종으로 즉위합니다. 세 번째 빈을 잃은 뒤 이향은 다시는 혼인하지 않았습니다. 그는 재위 기간 내내 왕비가 없었던 유일한 왕이었어요.

지덕체를 갖춘
문종의 즉위

이향은 무려 29년간 철저한 왕세자 교육을 받으며 준비된 국왕으로 성장했습니다. 마침내 1450년, 그가 서른일곱 나이로 즉위하니, 5대 임금 문종입니다. 문종은 아버지 세종을 닮아 지식과 덕망을 갖춘 인물로 사대부의 기대를 한 몸에 받았습니다. 그뿐 아니라 활을 쏘는 족족 백발백중으로 무예까지 뛰어났어요. 여기에 잘생긴 외모까지 갖춘 완벽한 캐릭터였습니다. 문종은 수염이 풍성하고, 아버지를 닮아 뚱뚱했는데 당시 대표적인 미남상은 풍채가 좋고 수염이 멋진 사람이었기에 문종의 외모는 중국 명나라까지 소문이 퍼질 정도였습니다.

문종은 이미 즉위 전 세자 시절부터 아픈 세종을 대신해 정치에 참여했습니다. 세종과 업무를 분담해 공동 통치한 기간부터 문종의 업적은 시작되었던 셈이지요. 이때 측우기를 고심하여 발명한 이도 세자 시절의 문종이었어요. 대리 청정 기간부터 문종은 주로 국방에 관한 국정 운영에 집중했습니다. 세자 시절부터 화약 무기에 관심이 깊었던 덕에 즉위하자마자 신기전을 발사하는 화차를 개발할 수 있었어요. 문종이 개발한 화차는 기존 형태에서 개량되어 이동성이 뛰어났습니다. 그래서 기존에 수비 위주였던 화약 무기와 달리 공격 전환이 자유로워졌지요. 문종 화차는 1451년에만 약 700대나 제작돼서 전국에 배치됐습니다.

문종은 성군의 자질을 갖춘 왕이었으나, 그의 치세는 너무도 짧았습니다. 어느 날 느닷없이 강녕전에서 사망했을 때 그의 나이는 39세였어요. 즉위한 지 고작 2년 만이었지요. 문종의 사망 원인인 종기는 조선 왕들의 단골 질병 중 하나였습니다. 실록에서는 왕의 건강 악화가 효심 때문이라고 묘사했어요. 소헌왕후의 삼년상을 철저히 치른 뒤, 연달아 세종의 삼년상까지 극진히 치르며 건강이 쇠약해졌다는 거지요. 그로 인해 치료하기 어려운 종기로 결국 죽음에 이른 것입니다. 홀로 남을 어린 세자를 하염없이 걱정하던 문종은 고명대신들에게 단종의 후사를 부탁한 뒤 눈을 감았습니다.

꺾여버린 정통성,
한 맺힌 어린 군주

1452년, 12세의 나이로 단종이 즉위합니다. 원래 미성년의 국왕을 대신하여 왕실의 어른이 수렴청정해야 했지만, 당시 궁에는 수렴청정할 대왕대비도 없었습니다. 대비도 없고 왕비도 없었죠. 태어나자마자 어머니를 잃고, 어린 나이에 아버지까지 잃은 채 즉위한 단종에겐 믿고 의지할 왕실 어른이 부재했습니다. 다만 문종의 부탁에 따라 삼정승이 단종을 보좌하게 되었습니다. 국왕의 임종 전에 유언을 받는 대신들은 고명대신이라고 불리며 존중받았습니다. 고명대신인 영의정 황보인과 좌의정 김종서는 단종을 대신해 문무 관료의 임용에 관여했어요. 후보 명단 중 추천자 이름에 노란 점을 찍어놓으면 단종은 표시된 대로 해당 인물을 골랐지요. 이것을 '황표 정사'라고 했습니다.

> 그중에 쓸 만한 자 1인을 취하여 황표를 붙여서 아뢰면 노산군(단종)이 다만 붓으로 낙점할 뿐이었다. 당시 사람들은 이를 '황표 정사'라고 일컬었다.
>
> - 《단종실록》 2권, 단종 즉위년 7월 2일

김종서와 황보인이 사실상 인사권을 거머쥐니 그들에게 자연스레 권력이 집중되기 시작했습니다. 대신들의 권력이 비대해진 상황을 지켜보며 수양대군은 칼을 갈았습니다. 태종 이방원처럼 강력한 왕권을 지향한 세종의 둘째 아들 수양대군은 직접 왕실의 권위를 세우고 싶어 했어요. 그러려면 세종과 문종 대부터 국왕의 신뢰를 받아온 원로대신 김종서를 제거해야 했습니다.

김종서는 세종 때 이뤄진 북방의 4군 6진 개척에서 크게 활약한 인물이었습니다. 당시 6진 개척의 총책임자로 여진족을 때려눕히며 큰 호랑이, 대호大虎라고 불린 장군입니다. 세종 때 4군 6진 개척으로 확정된 북방의 국경이 오늘날까지 한반도의 국경으로 자리 잡고 있지요. 게다가 《고려사》와 《고려사절요》의 편찬 책임자로 학문적 소양까지 갖춘 관료였습니다. 그만큼 수양대군에겐 큰 산처럼 여겨졌습니다.

그리하여 1453년(계유년) 밤, 수양대군과 측근들을 태운 말들이 김종서의 집 앞에 넘쳐 섰습니다. 김종서가 대군을 맞이하러 나와 집 안으로 안내하려는데, 수양대군이 거듭 사양하더니 서찰을 하나 읽어보라고 주었습니다. 김종서가 달빛에 비춰 서찰을 읽으려는 순간, 철퇴가 그의 머리를 강타했습니다. 김종서의 아들은 너무 놀라 아버지를 황급히 끌어안았는데, 곧장 칼에 맞아 살해당하고 말았어요. 거사의 시작이었습니다.

수양대군은 그 길로 궁궐에 들어가 단종에게 거짓 보고를 올렸습니다. 김종서와 황보인 등이 역모를 꾀했으니 당장 불러서 제거해야 한다고 했죠. 깜깜한 밤, 영문도 모르고 입궐한 대신들은 줄줄이 철퇴를 맞았습니다. 수양대군의 측근 한명회의 손에는 살생부가 들려 있었어요. 그날 밤 붉은 피가 내를 이루고 온 마을에 피비린내가 진동하니, 근처에 살던 백성들이 재를 잔뜩 뿌려 냄새를 없앴습니다. 이 때문에 잿골이라고 불린 지역은 오늘날의 종로구 재동이 되었습니다.

그런데 사실 죽은 줄 알았던 김종서가 철퇴를 맞고도 살아 있었습니다. 단종이 걱정된 김종서는 피투성이가 되어버린 몸을 여인의 가마에 싣고 위장한 채 도성으로 향했는데, 결국 반란 세력 때문에 사대문으로 들어가지 못하고 사돈집에 몸을 숨겨야 했습니다. 그리고 다음 날, 철퇴를 맞은 자들이 죽지 않고 살아 있음이 밝혀집니다. 김종서 역시 살아 있다는 사실을 입수한 수양대군은 신하 양정을 시켜 김종서를 찾아가게 했습니다.

김종서는 자신을 찾아온 수양대군의 부하들을 향해 당당히 말했습니다. "정승의 몸으로 어찌 걸어가겠느냐? 초헌(가마)을 가져오너라!" 그러고는 양정이 휘두른 칼에 베어 숨이 끊어지고 말았습니다. 하룻밤 사이에 조선의 정치 판도가 뒤집혀버린 이 사건이 1453년 계유정난입니다. '계유정난'은 계유년에 발생한 난을 바로잡았다는 뜻인데, 이는 수양대군 입장으로 붙인 승자의 기록일 뿐, 사실상 수양대군이 무력으로 권력을 뺏은 쿠데타였습니다.

권력을 잡은 수양대군은 계유정난에 가담한 이들을 모두 공신으로 삼고, 반대파를 모두 죄인으로 몰아 제거하면서 권력 구도를 재편했어요. 수양대군은 영의정이 되어 이조판서와 병조판서까지 겸임했습니다. 명분을 쌓기 위해 곧장 왕위를 차지하지 않고, 병권과 정권을 손에 넣은 채 단종을 섭정한 것입니다. 마침내 1455년, 수양대군은 두려움에 떨던 조카 단종을 끌어내리고 왕위에 올랐습니다. 그가 바로 조선 7대 임금 세조입니다.

상왕으로 물러난 단종은 조선 역대 임금 중에서도 손꼽히는 튼튼한 정통성을 가졌어요. 세종의 아들 문종은 조선왕조 최초의 적장자 출신 임금이었고, 그러한 문종의 외아들이자 적장자로 등극한 왕이 단종이었습니다. 이렇게 강력한 정통성은 강력한 왕권의 기반이었지요. 다만 어린 단종을 보호해줄 왕실 어른이 없을 뿐이었습니다. 집현전에서 유교 정치를 위해 힘을 쏟아

"내가 왕이 될 상인가?"라는 영화 대사로도 유명한
수양대군(세조)의 어진 초본.

온 학자들은 단종이 쫓겨나듯 물러나는 것을 보고만 있을 수 없었어요. 결국 현실과 타협할 수 없던 집현전 출신 학자들이 단종 복위 운동을 일으켰지만 전부 처형당하고 말았습니다. 단종 복위를 위해 목숨을 바친 이 중 성삼문, 하위지, 이개, 박팽년, 유성원, 유응부 6명은 왕을 위해 충절을 지킨 '사육신'으로 추앙받게 됩니다. 이들 모두 시대를 주도하던 유능한 인재들이었지요.

계유정난과 세조의 즉위, 단종 복위 운동이 이어지면서 조선 전기의 정치권은 급격하게 재편됩니다. 세조를 지지하는 공신들이 단종 복위 운동을 주도한 반대파의 대척점에 서 있었어요. 세조와 공신들은 강원도 영월로 유배 보낸 단종의 존재 자체가 불안했습니다. 언제 또 터질지 모르는 단종 복위 운동을 막기 위해서라도 단종을 제거해야 했어요. 명분 없이 즉위한 세조의 발악으로 끈질기게 자살을 강요당한 어린 단종 앞에 결국 사약이 내려집니다. 1457년 단종의 나이 17세였습니다.

일설에 의하면 목이 졸려 죽은 단종의 시체가 강물에 떠다녔다고 해요. 세조가 누구든 단종의 시신을 거둔다면 3족을 멸할 거라고 엄포를 놓기 때문이죠. 하지만 영월의 호장(면장) 엄흥도는 옳은 일을 하다 화를 당한다면 달게 받겠다며 아들과 함께 단종의 주검을 정성껏 매장했어요. 이 일은 영월 엄씨 집안에서 대대로 비밀리에 전해졌습니다. 불행했던 단종의 짧은 생은 이렇게 끝이 납니다. 단종은 폐위된 채로 죽고 시호를 받지 못해 한동안 노산군으로 불렸으며, 죽은 지 232년이 지난 후에야 왕의 지위를 회복하여 우리에게 단종으로 기억되고 있습니다.

패륜에 가려진
세조의 업적

세조의 즉위를 도운 공신 세력은 강력한 정치 기반을 형성해 나갔는데, 이들을 훈구파라고 부릅니다. 대표적인 훈구파 인물로는 한명회, 정인지, 신숙주 등이 있었어요. 훈구파는 당대에 누릴 수 있는 특권이란 특권은 모두 누리며 이익을 독점했습니다. 한편으로는 세조의 곁에서 중요한 제도를 정비하고《경국대전》,《동국통감》편찬까지 주도하면서 큰 업적을 세우기도 했습니다. 훈구파 중에서도 한명회는 세조의 든든한 책략가로서 평생 권좌를 지켰어요. 노년에 한명회가 갈매기와 벗하며 한가로이 지내고 싶다고 정자를 지었는데, 이것이 압구정입니다.

세조는 먼저 비대해진 의정부 대신들의 권력을 누르기 위해 의정부서사제를 폐지하고 6조 직계제를 부활시켰습니다. 의정부 정승들은 이제 사형수 관련 업무 빼곤 할 수 있는 일이 없었고 세조는 조정을 본인 손으로 장악해나갔어요.

자신에게 반기를 든 집현전 학사들이 괘씸해 집현전도 없앱니다. 세종 때부터 훌륭한 인재를 배출하며 수많은 업적을 남긴 집현전은 이렇게 역사 속으로 사라집니다. 국왕에게 쓴소리를 하고 제어할 장치가 줄줄이 사라져버린 거예요. 세조는 쓴소리 담당 언관들이 조금만 비판해도 "날 가르치려 드느냐!"라며 엄격히 처벌하곤 했어요.

하루는 병조판서 이계전이 세조에게 이렇게 말했습니다. "오늘 술이 과하신 듯하니 침소로 돌아가십시오." 그러자 다혈질 세조가 언성을 높였어요. "내 몸가짐은 내가 알아서 하는데, 어찌 네가 날 가르치려 드느냐!" 이계전은 갓이 벗겨진 채 머리채를 잡혀 뜰로 질질 끌려갔고, 장형에 처해졌습니다. 이처럼 세조는 극심한 기분파였습니다. 불같이 화내다가도 누가 아부하면 금세 잘해줬고, 언제든 기분이 상하면 누구든 죽일 수도 있었어요.

《동각잡기》에서는 세조의 얼굴이 괴기했다고 기록합니다. 보통 국왕의 얼굴은 용에 비유해서 용안이라고 하잖아요. 그런데 이렇게까지 표현한 것으로 보아 세조의 인상은 범상치 않았던 것 같습니다. 세조의 패륜적 행동은 유교적으로 용납이 안 되었기에, 그는 불교 발전에 힘을 쏟았어요. 세조가 세운 원각사는 오늘날 탑골공원 자리에 있었던 절이에요. 현재 대한민국 국보 제1호가 숭례문, 국보 제2호가 바로 세조 때 세운 원각사지십층석탑이지요. 대리석으로 만든 이 탑은 굉장히 화려하고 독특한 장식으로 표현된 걸작입니다. 그런데 탑골공원에 워낙 비둘기가 많아서 새똥을 맞아 표면이 부식되었어요. 결국 훼손을 막기 위해 유리관을 씌워놓았어요. 유교를 숭상하고 불교를 억압하던 조선시대의 보기 드문 불탑입니다.

세조가 세운
원각사지십층석탑.

　이렇게 세조가 불교를 좋아한 만큼 조선 사회의 유교적 기반
을 망가뜨리려 했다고 오해할 수도 있지만, 그렇지 않습니다. 세
종의 둘째 아들이자 태종의 손자인 세조는 어릴 때부터 체력도
좋고 무예가 뛰어난 데다 음악, 불교, 유교, 역학에 의학까지 다
방면으로 조예가 깊었어요. 아버지 세종을 도와 악보를 정리하
거나 서적을 간행하는 등 다재다능한 아들이었지요.

　세종은 아들 수양대군의 능력을 높이 평가하면서도 진작부터 그의 기세를 걱정했습니다. 그래서 원래 이름인 진양대군을 수양대군으로 바꿔주었어요. 이 이름에는 은나라 충신들의 이야기가 담겨 있습니다. 옛날에 은나라가 망하고 주나라가 들어섰을 때 수양산에서 절개를 지키다 굶어 죽은 충신들처럼, 나중에 어린 조카가 즉위하더라도 그 자리를 넘보지 말고 잘 보살펴주라는 뜻이었어요. 결국 세종의 우려가 현실이 되고 말았지만요.

왕권 강화책으로 점차 안정기에 접어들자, 세조는 왕도 정치의 기준이 될 법전《경국대전》편찬 작업에 착수합니다. 세조는 법전 편찬에서 직접 감수와 교열까지 맡으며 열정을 쏟았어요. 이렇게 법전을 체계적으로 정비한 것은 훌륭한 업적입니다. 그 외에도 세조는 조선왕조의 체제를 정비하며 다양한 업적을 남겼어요. 자신의 취약한 집권 명분을 극복하려면 강력한 부국강병책과 민본 정치를 보여줘야 했습니다.

또 다른 업적은 바로 직전법 도입입니다. 조선 전기에는 전현직 관료에게 과전이라는 토지를 주고, 그 땅에서 세금 걷을 권리인 수조권을 주었어요. 그런데 이게 세습이 가능하다 보니 점점 관료들에게 줄 땅이 부족해진 거지요. 그래서 세조는 과전법을 혁파하고 현직 관료들에게만 토지 수조권을 지급하는 '직전법'을 도입합니다.

세조 때 벌어진 반란 중 눈여겨볼 것이 1467년 이시애의 난입니다. 이시애는 세조 측근인 한명회와 신숙주가 반역을 꾸민다는 소문도 퍼뜨렸어요. 이시애의 난은 세조 집권기 중 가장 대

규모로 벌어진 반란이었습니다. 즉위한 이래 계속 왕위에 대해 불안해하던 세조는 이시애의 보고문을 읽고 너무 놀라서 일단 한명회와 신숙주를 옥에 가둬버렸어요. 결국 그들은 혐의가 없음이 밝혀져서 석방됩니다. 세조는 이시애의 난을 무난하게 평정하여 중앙집권 체제를 더욱 다져갔습니다. 그의 치세에 훈민정음 관련 책들도 간행하고, 전국적 국토 방어 체제인 진관체제도 확립하는 등 열정적으로 일하며 다양한 업적을 남겼어요.

그러나 정치 운영에서는 근본적인 문제가 있었습니다. 말년으로 갈수록 측근들에게 의존하는 경향이 더 심해져 그들의 비리조차 눈감아주게 되었죠. 1468년 세조의 건강이 나빠진 말년에는 원상제가 도입됐습니다. 원상제는 국왕이 정상적인 업무가 불가능할 때나 어린 왕이 즉위했을 때, 재상들이 승정원에 모여 국정을 의논하고 결정하도록 설치한 것입니다. 세조는 원상제를 도입한 해에 52세 나이로 눈을 감았습니다.

조선의 부흥과 발전을 이룬
예종과 성종

🎩 🏺 🏯 ☯ 🧘

1468년, 세조와 정희왕후의 둘째 아들인 해양대군이 세조에게서 왕위를 이어받았습니다. 8대 예종의 즉위였습니다. 어쩌다 첫째 아들이 아닌 둘째 아들이 왕세자가 됐을까요? 본래 세조의 첫째 아들은 의경세자로, 세조의 적장자로서 왕세자에 책봉되고 왕세자 수업을 받았지요. 그런데 이유 없이 시름시름 앓다가 20세 나이로 요절했어요. 의경세자는 우애 좋은 두 아들을 두었는데, 바로 월산대군과 자을산군입니다. 이 중 자을산군이 조선 9대 임금 성종이지요. 훗날 성종이 즉위한 후 아버지 의경세자를 덕종으로 추존합니다. 본래 적장자 상속을 원칙으로 하는 종법에 따른다면 왕세자 의경세자가 죽은 뒤, 그의 적장자인 월산대군이 후계를 잇는 것이었습니다. 하지만 세조는 손자 월산대군이 아니라 자신의 둘째 아들 해양대군을 왕세자로 책봉했어요. 이렇게 19세 나이로 즉위한 예종은 세조가 고안한 원상제를 통해 원로대신들과 정무를 처리했습니다. 이러한 원상제를 통해 신숙주, 한명회 등 세조의 최측근 공신들은 기득권을 이어갈 수 있었지요.

아버지 세조에게 영향받은 예종은 강력한 왕권을 추구하는 왕이었습니다. 즉위 전부터 예종은 신하에게 권세가 옮겨지면 기강이 무너져 나라가 망할 수 있다고 여겼어요. 세조는 군주의 자질을 갖춰가는 아들을 보며 "세자는 육예六藝에 이미 통하지 않은 바가 없다."라며 칭찬하기도 했고, 말년에 원상제를 통해 정무를 처리하는 예종을 기특해하며 "일을 부탁할 사람을 얻었으니 내가 근심이 없다."라고 말하기도 했습니다.

예종은 분명 강단 있는 왕이었어요. 세조의 묘호를 정할 때 신하들이 '신종'으로 하자고 했지만 예종은 이를 거부하고 '세조'라는 묘호를 쓰자고 고집했어요. 임금이 죽은 뒤 종묘에 올리는 이름인 묘호엔 조 또는 종을 썼는데 원칙적으로 나라를 세운 왕에게만 '조'를 붙일 수 있었습니다. 하지만 예종은 아버지의 업적을 주장하며 끝까지 의견을 밀어붙였고 '세조世祖'라는 최고의 묘호를 올렸습니다.

말 한마디로
역모로 몰린 남이

　예종은 재위 기간이 15개월밖에 되지 않았는데 그 짧은 기간에 대대적인 숙청이 이뤄졌어요. 바로 '남이의 옥' 사건입니다. 이 사건의 주인공인 남이는 태종의 넷째 딸 정선공주의 손자로, 세조 때 무과에 장원급제한 장군입니다. 16세에 과거에 급제하고 26세에 1등 공신이 되어 27세 젊은 나이에는 오늘날 국방부 장관인 병조판서까지 오른 실력자였지요. 남이는 세조 때 이시애의 난을 평정한 뒤 승승장구하며 주변의 시기를 받았습니다.

　세조가 죽고 나니, 한명회나 신숙주는 노골적으로 남이를 견제했어요. 남이는 경솔하고 오만해서 병조판서를 할 자격이 없다고 비난했어요. 그런데 예종도 내심 그 생각에 동조했던 거예요. 세조 때 큰 신임을 얻고 벼락출세한 남이는 아무래도 왕권에 위협이 될 수 있는 인물이라고 여겼던 거지요. 그래서 예종은 곧장 남이를 겸사복장으로 좌천시켰어요.

　병조판서에서 물러난 뒤에도 남이를 내치려는 움직임은 계속됩니다. 세조 때 남이와 함께 공을 세운 유자광 또한 세조의 신뢰를 한 몸에 받는 남이를 시기했어요. 어느 날 겸사복장 남이가 왕궁 호위 업무를 위해 숙직하고 있었습니다. 밤하늘에 혜성이 나타나자, 이를 보던 남이가 "혜성은 묵은 것을 없애고 새것이 오려는 징조"라고 말했어요. 남이는 이때 내뱉은 말이 비극의 씨앗이 될 줄 꿈에도 몰랐어요. 유자광은 예종에게 이 사실을 알리며 남이가 역모를 꾀하려 한다고 고발했습니다.

남이는 말 한마디 잘못했다가 혹독한 고문을 받게 됐어요. 처음에 남이는 모함을 받고 있다며 완강히 부인했습니다. 하지만 그가 병조판서에서 해임된 것에 불만을 품고 한명회 등의 대신들을 비난한 사실이 밝혀지자 그의 역모죄는 기정사실화되었어요. 남이는 결국 사형을 받아 끔찍한 최후를 맞습니다. 남이가 실제로 역모를 꾀한 것 같진 않으나, 직설적인 성격으로 불만을 숨기지 않아 희생됐다고 보는 시각도 있어요. 이때 남이를 고발한 유자광은 공신에 책봉됩니다.

예종이 재위한 그 잠깐 사이에 이런 일이 벌어질 정도로 당시 구공신과 신공신의 세력 싸움은 팽팽했어요. 이 시기 한명회로 대표되는 구공신 세력과, 이시애의 난을 진압한 뒤 급부상한 신공신 세력이 갈라져 경쟁하고 있었던 것입니다. 남이의 옥 사건으로 남이를 비롯한 신공신 세력은 제거되고 다시 한명회를 비롯한 구공신들의 시대가 펼쳐졌어요.

이렇게 신하들의 권력 싸움 속에서 남이를 쳐낸 예종은 지지부진해질 수 있던 《경국대전》 편찬 작업도 강행합니다. 그런데 그해 11월, 예종은 갑자기 허망하게 세상을 떠났어요. 예종이 즉위한 지 1년 2개월밖에 되지 않은 때였지요. 세조의 첫째 아들 의경세자처럼 둘째 아들 예종 역시 20세 나이로 단명한 것입니다. 왕이 너무 갑자기 사망한 탓에 궁궐은 혼란에 휩싸였어요. 죽은 예종의 왕위를 누구에게 물려줘야 할까요?

사실 예종은 일찍이 아들을 낳은 최연소 아버지였습니다. 11세 세자 시절, 예종은 한명회의 딸 장순왕후 한씨와 혼인했는데 이때 장순왕후 한씨의 나이는 16세였어요. 이듬해 예종은 불과 12세 나이로 아들 인성대군을 얻었지요. 하지만 장순왕후 한씨가 산후병으로 사망하고 아들도 3세에 일찍이 단명했습니다. 예종은 두 번째 부인인 안순왕후에게서 아들 제안대군을 얻었어요. 하지만 예종이 죽었을 때, 아들 제안대군은 고작 4세였지요. 그래서 먼저 세상을 떠난 예종의 형, 의경세자의 두 아들이 물망에 오릅니다.

의경세자의 두 아들인 월산대군과 자을산군은 모두 세조의 훌륭한 손자들이었어요. 어릴 때부터 두 형제는 할아버지의 총애를 받으며 자랐지요. 세조는 예쁜 손자들에게 직접 활쏘기, 말 타기, 각종 학문을 가르쳐주었습니다. 둘 중 후계를 정한다면 장남 월산대군이 왕위에 오르는 것이 마땅해 보였지요. 하지만 정희왕후는 첫째가 건강이 좋지 않다며 둘째 자을산군을 왕위에 앉혔어요. 이렇게 즉위한 자을산군이 조선 9대 임금 성종입니다.

태평성대를 이룩한
성종의 즉위

13세 어린 나이로 즉위한 성종은 준비되지 않은 왕이었습니다. 왕세자 교육을 차근차근 받다가 계승한 것도 아니고, 아버지가 임금인 것도 아니고, 심지어 적장자도 아니었습니다. 예종의 아들 제안대군과 첫째 형 월산대군을 제처둔 채 그것도 어린 나이로 난데없이 왕위에 올랐으니, 부담이 클 수밖에 없었어요. 그래서 성종은 국왕의 권위와 능력을 입증하기 위해 온 힘을 쏟아야 했습니다. 다행히 성종 곁에는 그를 도와줄 할머니 정희왕후와 훈구 대신들이 있었습니다. 결단력 있고 정치 감각도 좋은 정희왕후는 미약한 성종이 20세가 될 때까지 수렴청정으로 국정을 운영했는데, 이것이 조선 최초의 수렴청정이었어요.

또한 원상제가 예종 대보다 한층 더 강하게 실시되었습니다. 이렇게 즉위 초 성종은 수렴청정과 원상제를 통해 통치 능력을 키울 수 있었습니다. 무엇보다 스스로 성군의 자질을 쌓기 위해 부단히 노력했어요. 성종이 활용한 방법은 바로 경연이었습니다. 여기서 세종이 겹쳐 보이지요. 세종 또한 양녕대군이 말썽을 부려 폐세자가 되면서 갑자기 왕위에 올랐잖아요. 그래서 국왕의 자질을 갖추고자 경연에 열심히 참여했지요.

성종은 심지어 세종보다 더 적극적이었어요. 하루에 3번 열리는 정규 강의에 충실한 것은 기본이고, 밤에 신하들을 불러 모아 보충 수업까지 했어요. 이런 비정규 강의는 '야대'라고 부릅니다. 나이 많은 대신들은 성종의 불타는 학구열에 응하느라 체력이 부족할 지경이었어요. 그래서 성종은 연로한 대신들이 좀 더 일찍 나가서 쉴 수 있게 배려해주기도 했습니다. 성종은 학구열을 불태우며 나날이 성장했습니다. 경연에서는 자연스럽게 국정에 대한 허심탄회한 논의가 이뤄졌기 때문에, 성종은 학문적 소양뿐 아니라 정치 감각까지 익혀나갈 수 있었어요.

> 밤이 이미 깊었다. 재상들이 주상의 몸이 피로할 것을 염려하여 물러가고자 하니, 임금이 말하였다. "내가 오늘 경들과 강론할 수 있어서 듣지 못한 바를 더욱 많이 들었으니 또한 즐겁지 아니하랴? 경들은 물러가지 말고 다시 논란하라."
>
> - 《성종실록》, 성종 13년 11월 24일

이렇게 성종 대는 조선의 경연 문화가 찬란하게 빛을 발한 시대였습니다. 경연 참가자는 국왕과 신하라는 상하 관계를 이뤘으나, 스승과 제자라는 역전된 관계로 역할 균형이 이뤄졌어요. 이로써 눈치 보지 않고 의견을 나누며 심도 있게 토론할 수 있었지요. 조선 선비들의 토론 문화는 지식을 뽐내거나 상대를 이겨 압도하기 위한 것이 아니었어요. 치열한 토론 대회처럼 승패를 가르는 것이 아니라, 어떠한 안건을 공론화하기 위한 의사소통이 목적이었습니다. 책을 읽고 거듭 논의하며 수정하는 동안 새로운 아이디어가 무르익었어요. 성종의 재위 기간 25년 동안 경연 횟수는 총 8,748회에 달했습니다. 조선 27대 국왕 중 최대치였어요.

이렇게 유학 공부에 열정을 불태우며 성종은 외촌 6촌 이내 혼인을 금지하고 불교 제도인 화장 풍습을 없앴으며 사대부와 평민의 제사에 차별을 두어 4대 명절에 이를 검사하고, 삼강행실을 의부적으로 상습하게 하는 등 유교문화를 강화했습니다. 이러한 유교문화 강화 정책은 정희왕후와 신숙주, 한명회가 주도해나갔습니다. 그러다 1476년이 되자 정희왕후는 성종이 스스로 국정을 운영할 수 있다고 판단하고 정치 일선에서 물러났어요. 성인이 된 성종이 친정을 시작하면서 신권 중심으로 흘러가던 조정의 분위기는 급격히 변하기 시작합니다.

먼저 성종은 원로대신들이 중요한 정무를 처리하던 원상제를 없앤 뒤 홍문관을 새롭게 개편했어요. 홍문관은 세조 때 처음 설치되었지만, 당시엔 책을 보관하는 업무를 담당할 뿐이었습니다. 하지만 성종이 정비한 홍문관은 세종 대의 집현전을 잇는 학술과 국왕 자문기구로 재탄생했습니다. 홍문관에서 경연을 담당했기 때문에 자연스레 언론기관으로 기능하게 되었어요. 조선 초부터 언론기관으로 기능한 사간원과 사헌부에 홍문관까지 합세하니, 세 기관을 합쳐서 '삼사'라고 불렀습니다.

여기에 더해 성종은 오늘날 서울 용산의 한강 변에 독서당을 만들었습니다. 세종 때 비롯된 '사가독서제'는 왕이 관리들에게 휴가를 주어 실컷 독서하고 공부하도록 해준 제도였는데, 성종은 이 제도를 정착시키면서 독서당이라는 공간까지 만든 것입니다. 용산 지역에 있던 독서당은 '남호'라고 불렸는데, 나중에 중종 때는 옥수동 인근으로 옮겨져 '동호 독서당'이라고 불렀어요.

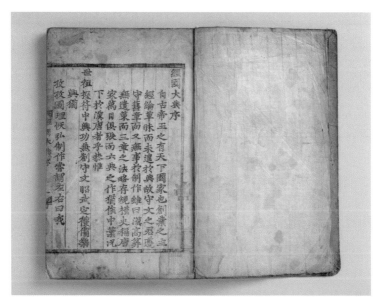
세조 때 편찬하기 시작하여 성종 때 완성한 법전《경국대전》.

오늘날 옥수동과 압구정동을 잇는 동호대교의 이름과 관련 있지
요. 성종의 이러한 정책 아래《동국여지승람》과《동국통감》등의
여러 서적이 쏟아집니다. 또한 성종의 업적 중 빼놓을 수 없는
것은《경국대전》의 완성입니다. 세조 때부터 만들어진《경국대
전》이 손자인 성종 때에 완성되어 반포된 것입니다.《경국대전》
의 완성으로 조선은 주먹구구식 일 처리를 벗어나 법에 기반한
체계적인 제도를 갖추게 되었어요.

한편 성종은 권력이 비대해진 훈구파를 견제할 필요성을 느
꼈어요. 그래서 새로운 세력을 적극적으로 등용하기 시작합니다.

이들이 바로 지방에서 성리학을 연구하던 '사림'입니다. 정계에 진출한 사림은 학식이 뛰어난 김종직을 정신적 지주로 삼아 영향력을 키우기 시작합니다. 언론 삼사를 꿰차버린 사림 세력은 훈구파가 해먹은 온갖 비리를 날카롭게 잡아냈어요. 이들의 등장에 훈구파는 바짝 긴장할 수밖에 없었지요. 사림을 밀어주며 기득권 훈구파를 견제한 성종은 정치 9단이었습니다. 두 세력이 견제와 균형을 이루는 사이에서 왕권을 강화한 성종은 수많은 업적을 달성했어요.

한편 성종은 조선 초부터 북방을 위협하던 여진족 소굴을 소탕하면서 변방까지 안정시켰어요. 성종은 조선왕조의 전반적인 체제를 완성했고 백성들은 건국 이래 가장 평화로운 태평성대를 누릴 수 있었습니다. 물론 이것은 세종 대부터 선왕들이 차근차근 쌓아온 토대 위에서 이뤄진 일이었지요.

훗날 피바람을 부른
폐비 윤씨의 죽음

그러나 성종의 치세에는 훗날 연산군 때 피바람 부는 숙청의 씨앗이 심어지기도 했습니다. 그 씨앗은 바로 성종의 왕비 폐비 윤씨의 죽음이었어요. 성종 4년에 후궁으로 입궁한 윤씨는 성종 7년에 왕비가 되었습니다. 수많은 후보 중에서도 윤씨가 왕비로 등극한 이유가 몇 가지 있었습니다. 당시 자손이 귀했던 왕실에서 윤씨는 성종의 첫 아이를 배어 왕실의 기대를 한 몸에 받고 있었습니다. 게다가 윤씨는 검소하고 현숙한 성품으로 중궁의 자질을 갖췄다고 인정받았어요. 윤씨는 성종의 아들 연산군을 낳으면서 왕비로서의 위상을 확고히 다지는 듯했습니다.

하지만 상황은 윤씨의 기대와 다르게 흘러갔습니다. 성종에게는 수많은 후궁이 있었고, 윤씨가 출산 후 후유증으로 힘들어하는 가운데 성종은 후궁들을 총애하며 점점 윤씨를 멀리했습니다. 게다가 후궁 정소용은 성종의 아이를 임신하고 있었어요. 산후 우울증으로 불안정한 상태에서 정씨에 대한 질투를 키워가던 윤씨에게는 왕비의 자리를 뺏길 수 있다는 위기감까지 닥쳤습니다. 결국 윤씨는 성종의 마음을 돌리기 위한 굿을 하는 방법이 쓰인 책을 몰래 읽다가 발각되고, 후궁 독살 혐의까지 받게 됩니다. 이런 소식들은 계속해서 대비전에 알려졌어요.

윤씨에게는 막강한 시댁 어른들이 있었습니다. 세조 비 정희왕후, 예종 비 안순왕후, 성종의 어머니 인수대비(소혜왕후)까지 모두 성종과 윤씨만 바라보고 있었죠. 결국 중전 자리에 오른 지 3년 만에 윤씨는 폐서인으로 강등되어 사가로 쫓겨나고 말았습니다. 하지만 윤씨가 낳은 연산군은 차기 국왕이 될 예정이었으니, 세자의 친모를 백성처럼 살게 할 수 없다는 상소가 쏟아졌습니다. 안 그래도 점차 성장하는 세자를 보며 폐비 윤씨를 측은하게 여긴 성종은 윤씨를 살펴보고 오라는 명을 내리기도 했습니다. 하지만 인수대비의 입김으로 결국 폐비 윤씨 앞에 사약이 내려졌어요.

인수대비는 매우 엄격한 시어머니였습니다. 내명부의 기강을 잡기 위해 여성의 덕목을 정리한 《내훈》이라는 책까지 만들었어요. 폐비 윤씨는 그 책이 나온 지 얼마 되지 않아 폐비가 되었고, 결국 한때 사랑했던 남편에게 사약을 받아 생을 마감했습니다. 《연려실기술》의 기록에 따르면 폐비 윤씨가 죽을 때 약을 토하며 목숨이 끊어졌는데, 그 피가 물든 흰 비단 적삼을 어머니 신씨가 보관했습니다. 이 물건이 훗날 연산군 대에 피바람을 부른 계기가 됩니다.

조선을 휘감은 피바람,
사화의 시대

1494년, 38세에 생을 마감한 성종의 뒤를 이어 조선 10대 임금 연산군이 즉위합니다. 조선 역사상 손꼽히는 악행과 살육을 저지른 임금, 최초로 폐위된 임금, 우리는 연산군을 폭군이라고 흔히 알고 있습니다.

하지만 그는 적장자로 태어나 왕세자 수업을 받고 부왕이 승하하며 정상적으로 왕위를 계승한, 보기 드물게 정통성이 탄탄한 왕이었어요. 공식적으로 연산군은 성종이 새롭게 맞이한 정현왕후의 아들이었습니다. 폐비 윤씨의 아들이라는 사실은 철저히 숨겨졌지요. 많은 이들은 연산군이 폐비 윤씨의 사사 사건을 알게 된 후로 갑자기 미쳤다고 여깁니다. 하지만 연산군은 즉위 직후부터 비밀을 알고 있었어요. 즉위 초 성종의 장례를 치르는 과정에서 아버지의 묘지문을 보다가 폐비 윤씨에 관한 사실을 들은 것입니다.

> 왕이 비로소 윤씨가 죄로 폐위되어 죽은 줄을 알고, 수라를 들지 않았다.
>
> — 《연산군일기》 4권, 연산 1년 3월 16일

연산군은 곧바로 폐비 윤씨의 신원을 회복하기 위한 추숭 작업을 시작했어요. 그런데 이때 삼사의 대신들이 격렬하게 반대하고 나섰습니다. 폐비 윤씨에게 죄가 있어 선왕이 결정했는데, 그걸 뒤집는 것은 불효라는 이유였습니다. 강력한 왕권을 추구한 연산군은 분노했습니다. 삼사에서 권력을 쥐고 감히 왕권에 흠집을 내려 한다고 여긴 거예요. 이때 노사신 등의 훈구 대신들은 연산군의 마음을 이해해주었고, 연산군은 폐비 윤씨의 추숭 작업을 진행해나갔어요.

삼사에 기반한 세력은 사림, 이들의 대척점에 있던 세력은 훈구파 대신들이었습니다. 특히 훈구파의 일원인 노사신은 당시 삼사의 주요 표적이었어요. 선왕들을 보좌하며 정치 경력을 쌓아온 노사신은 왕권을 옹호했습니다. 그동안 훈구파는 왕권 강화에 기여한 공으로 기득권을 유지할 수 있었기 때문이에요. 노사신은 삼사가 선을 넘는다며 강력하게 비판했고, 이에 화가 난 삼사의 언관들 역시 노사신을 파직하자고 주장했습니다. 삼사의 사림 세력은 쿠데타로 권력을 잡은 세조와 훈구파를 싫어했어요. 이들 사이의 증오심이 얼마나 극심했는지, 조순이라는 언관은 "노사신의 고기를 씹어 먹고 싶다."라는 섬뜩한 말까지 내뱉었습니다. 이렇게 대신들과 삼사가 대립하는 사이에서 연산군의 마음속엔 왕권 강화의 의지가 더 불타올랐습니다. 이런 분위기 속에서 불어닥친 첫 번째 피바람이 바로 무오사화입니다.

기이한 폭정과
피로 얼룩진 조정

1498년 무오년에 선비들이 화를 입었다고 하여 '무오사화'라고 합니다. 무오사화를 시작으로 앞으로 총 4번의 사화가 일어나게 됩니다. 연산군 대에는 총 2번의 사화가 발생했는데, 첫 번째 무오사화는 사초 때문에 발생했습니다.

사초는 실록을 만들기 위해 쓰이는 역사 기록입니다. 사초 중에서도 사림 세력의 대표 김종직이 쓴 '조의제문'이 문제가 됐어요. 조의제문은 중국의 항우와 의제의 이야기에 빗대 세조가 조카 단종을 쫓아낸 일을 비판한 글입니다. 김종직이 죽은 뒤 그의 제자가 《성종실록》을 만들 때 이 글을 실은 거지요. 이것을 훈구파 대신이 발견했고, 결국 연산군에게 전해집니다. 이때다 싶었던 연산군은 사림 관료들을 강력히 처벌했습니다. 조의제문을 쓴 당사자인 김종직은 시신을 다시 베어 죽이는 부관참시를 당했어요. 무오사화를 통해 사림은 크게 위축되고, 조정을 장악한 연산군은 왕권의 위력을 제대로 맛봅니다. 그래서 강력한 왕권에 대한 욕망을 본격적으로 표출하기 시작했어요.

연산군의 폭정이 도를 지나치고 대신들의 재산까지 빼앗으려 하니, 이제 삼사는 물론이고 대신들까지 연산군에게 반발하기 시작합니다. 연산군은 신하들이 왕권에 도전할 때마다 칼을 갈았어요. 그러다가 기회주의자 임사홍이 폐비 윤씨 사건을 들춰냈어요. 이제 연산군이 폐비 윤씨 사건의 자세한 내막까지 알게 됐지요. 그리고 마침내 조정에서 두 번째 살생이 벌어졌으니, 1504년의 '갑자사화'입니다.

연산군은 폐비 윤씨 사건에 연루된 자들과 왕권에 제동 거는 자들을 모두 처벌했습니다. 성종 대까지 소급해서 조금이라도 관련된 인물들을 대대적으로 탄압했어요. 심지어 이미 사망한 한명회 등의 무덤까지 파헤쳐서 시신이 훤하게 드러나기까지 했습니다. 특히 연산군은 폐비 윤씨와 라이벌 관계였던 성종의 후궁들에게 참혹한 복수극을 펼쳤습니다. 컴컴한 밤, 성종의 후궁 엄씨와 정씨를 불러 뜰에 묶어놓고 사정없이 짓밟았어요. 이윽고 아들 안양군과 봉안군을 불러내더니 이 죄인들을 때리라고 명령했어요. 밤이 어두웠던 탓에 안양군은 누군지도 모르고 죄인을 때렸는데, 봉안군은 그 죄인이 어머니임을 눈치채고 차마 손을 대지 못한 채 울었습니다. 이에 불쾌해하던 연산군은 끝내 엄씨와 정씨를 살해했어요.

여기서 끝이 아니었습니다. 연산군은 안양군과 봉안군의 머리채를 잡고 인수대비의 침전에 들어가 술을 권했어요. 그러더니 놀란 인수대비에게 말했습니다. "대비는 어찌하여 우리 어머니를 죽였습니까?" 인수대비에게 폭언을 퍼부은 연산군은 엄씨와 정씨의 시체를 찢어서 젓갈로 담근 뒤 산과 들에 뿌리도록 했습니다. 연산군은 이렇게 손에 피를 묻혀가며 어머니를 제헌왕후로 추숭했고, 죽은 폐비 윤씨는 아들을 통해 잠깐이나마 한을 풀 수 있었지요.

이렇게 2번의 사화로 연산군은 폭군의 대명사로 거듭났어요. 권력의 맛에 취한 연산군의 행보는 상상 이상이었습니다. 누구라도 자기를 비난하면 가차 없이 죽였는데, 그 방법이 기상천외했습니다. 손바닥을 뚫는 고문으로 고통을 주다가 가슴을 빠개 버리는 식으로 끔찍하게 죽이기도 했어요.

연산군은 이렇게 잔인한 면뿐 아니라 방탕한 생활로도 유명한데, 1505년에 임사홍과 임숭재를 채홍사로 임명해서 조선 팔도의 미인이란 미인은 모두 데려오도록 했어요. 궐 안에 들인 왕실 기생을 흥청이라 하고, 왕과 동침하면 천과흥청이라고 불렀습니다. 화려하게 꾸민 경회루에서 수없이 많은 기생과 밤낮으로 음란하고 방탕한 연회를 일삼으니, 국고가 파탄 나고 국정은 파멸로 치달았습니다. 여기에서 '흥청망청'이라는 말이 유래했습니다.

그뿐 아니라 사냥을 즐기기 위해 한양 도성 100리 이내에 민간인 출입을 금지하는 금표를 세우고, 그 안에 사는 백성을 내쫓았습니다. 그렇게 민가를 죄다 철거해서 왕을 위한 사냥터를 만들었어요. 연산군은 사치 부리고 노느라 텅텅 비어버린 국가 재정을 충당하기 위해 백성들에게 무거운 세금을 물렸고, 공신들의 재산까지 몰수하려 했습니다.

결국 미쳐버린
연산군의 최후

앞서 2번의 사화로 조정의 훌륭한 인재들이 대거 사망하고 말았습니다. 바른말 하는 신하는 더 이상 찾아보기 어려워졌어요. 이때 끝까지 직언한 신하가 있었으니, 바로 김처선입니다. 이에 관한 일화는 야사인 《연려실기술》을 통해 전해지고 있어요.

어느 날 연산군이 노는 꼴을 보며 김처선이 "이 늙은 신하가 여러 임금도 섬기고 경서와 사서도 통했지만 전하와 같이 행동하는 이는 없었습니다."라고 말합니다. 그러자 화가 머리끝까지 난 연산군이 김처선의 갈비뼈에 화살을 쏘았는데, 다시 김처선이 또박또박 말했습니다. "늙은 내시가 어찌 죽음을 두려워하겠사옵니까. 다만 전하께서 오래도록 보위에 계시지 못할 것이 한스러울 뿐입니다." 그러자 연산군은 김처선의 다리를 자른 뒤 일어나서 걸으라고 명했습니다. 그러자 김처선이 말했습니다. "상감은 다리가 잘리고도 걸을 수 있으십니까?" 연산군이 끝까지 바른말을 하는 김처선을 잔인하게 죽이고 시체를 호랑이에게 던져 줬다는 이야기가 전해져요. 그뿐 아니라 김처선 집안 재산을 죄다 몰수하고 집을 부숴서 연못으로 만들었으며 친족까지 다 사형시켰다고 합니다.

《연산군일기》에서는 그의 불안정한 정신상태를 보여주는 기록이 많이 발견됩니다. 자기도 모르게 눈물이 뚝뚝 떨어졌다거나, 한밤중에 부르짖으며 일어나 후원을 달렸다거나, 직접 무당 행세를 하며 폐비 윤씨에게 빙의된 모습을 보였다고 해요. 실록에서는 연산군이 광질, 즉 미친 증상을 얻었다고 기록했습니다.

> 왕이 두어 해 전부터 광질狂疾을 얻어 때로 한밤에 부르짖으며 일어나 후원後苑을 달렸다. 또 무당 굿을 좋아하여, 스스로 무당이 되어 (중략) 폐비廢妃가 와 붙은 형상을 하였으며, 백악사白岳祠에 자주 올라가 굿을 하였으므로, 궁중에서는 폐비가 빌미가 되었다고 하였다.
>
> -《연산군일기》, 연산 11년 9월 15일

결국 몇몇 신하들이 뜻을 모아 군사를 일으켰습니다. 1506년, 연산군은 중종반정으로 폐위되고 강화도로 유배를 가서 겨우 2달 만에 숨을 거두었어요.

개혁을 꿈꾼
조광조와 기묘사화

진성대군은 연산군의 이복형제였습니다. 연산군의 폭정으로 조정이 바짝 얼어붙었을 때, 가장 불안한 처지에 놓인 이가 성종의 적자 진성대군이었습니다. 그러다가 1506년, 조선 최초의 탄핵 사건이 터지면서 연산군이 쫓겨났어요. 신하들에게 추대받은 진성대군이 19세 나이로 즉위하니, 11대 임금 중종이었습니다.

중종은 반정공신들의 주도로 왕위에 올라 정치적 기반이 취약했어요. 즉위하자마자 반정 세력의 압박 아래 부인인 단경왕후 신씨까지 쫓아내야 했습니다. 단경왕후의 아버지 신수근이 중종의 장인이자 연산군의 처남이었기 때문입니다. 반정 세력이 거사를 치르기 전 신수근은 반정에 반대하다가 결국 목숨을 잃었어요. 이런 신수근의 딸을 그대로 두었다간 언제 복수할지 모른다고 여긴 것입니다. 결국 중종은 단경왕후 신씨를 폐위한 후 새로운 왕비를 맞이했어요.

그런데 《국조기사》에 따르면, 중종은 단경왕후 신씨와 애정이 깊었다고 전해집니다. 중종은 신씨 생각이 날 때마다 높은 곳에 올라가 신씨의 집 쪽을 바라보곤 했는데, 이 사실을 알게 된 신씨가 바위 위에 자주 입던 분홍색 치마를 펼쳐놓았다고 해요. 이것이 오늘날까지 내려온 인왕산 치마바위의 전설입니다. 이러한 전설을 남긴 신씨는 자식 없이 평생을 외롭게 살다가 71세에

폐위된 단경왕후 신씨가 중종이 자신을 생각하도록 바위에 치마를 걸어놓았다는 이야기가 전해지는 인왕산 치마바위.

세상을 떠났어요. 새롭게 왕비에 책봉된 장경왕후 윤씨는 세자 이호를 낳은 후 산후병을 앓아 25세 젊은 나이에 세상을 떠났습니다.

중종은 연산군의 폭정으로 문란해진 국가 기강을 바로잡고 다시 정치적 기틀을 세우고자 노력했어요. 그래서 왕의 자문을 담당하던 홍문관 기능을 강화하고 경연에도 열심히 참여했습니다. 일련의 정책들로 중종은 왕도 정치를 실현하고자 했지요. 하지만 반정에 성공한 공신 세력은 중종을 핍박하며 국정을 주도적으로 운영해나갔고 왕권은 미약할 뿐이었습니다.

하지만 시간이 흘러 상황이 달라졌어요. 중종은 조정을 장악한 공신 세력을 견제하기 위해 새로운 사림 세력을 불러들였습니다. 그 중심에는 시대를 앞서간 급진적인 개혁가 조광조가 있었습니다. 중종은 과거 급제하며 혜성처럼 등장한 조광조에 주목했습니다. 조광조는 중종의 신임과 지지를 얻어 주도권을 쥐고 열성을 다해 개혁을 추진하기 시작했어요.

조광조는 소격서를 폐지하자고 주장했습니다. 나라에 일이 생기면 국왕이 소격서에서 기우제와 같은 제사를 지냈는데, 도교적 성격이 강해서 유학자들에게 비판받았어요. 성리학적 이념에 기반한 정치를 펼치기 위해서는 도교적 성격의 소격서를 혁파해야 한다고 여겼습니다. 중종은 이에 반대했지만, 조광조가 끈질기게 몰아붙이자 결국 소격서를 혁파했어요.

또한 조광조의 대표적인 개혁 조치는 현량과 실시였습니다. 과거제도에 폐단이 있어 인재 등용에 한계가 있으니, 천거를 통해 먼저 품성이 뛰어난 사람을 추천받아 모으고, 이들을 대상으로 시험을 치러 인재를 등용하자는 것이었어요. 이를 받아들인 중종이 현량과를 실시한 결과 사림 학자들이 대거 요직에 배치되었습니다. 이들은 언론 기구 삼사에서 여론을 주도하며 훈구파의 비리를 비판하기 시작했어요.

그리고 조광조와 사림은 훈구파를 정면으로 공격하는 상소를 올렸습니다. 중종반정 이후 책봉된 공신 중에서 자격도 없이 거짓으로 책봉된 자들이 많으니, 이들의 거짓 공훈을 삭제하자는 것이었습니다. 중종반정 공신에게는 막대한 토지와 노비가 주어졌는데 이는 국가 재정에 큰 부담이었습니다. 또한 그중에는 아무런 공로가 없는 사람들이 있었어요. 조광조와 사림 세력은 이제라도 잘못된 것을 바로잡아야 한다며 '위훈 삭제'를 주장한 것입니다. 중종은 이러한 요구에 난감해하며 결정을 미루려고 했지만, 조광조는 계속해서 중종을 압박했어요.

결국 1519년, 중종은 정국공신을 개정하라는 교지를 내렸다가 불과 열흘 만에 말을 바꾸어 개정을 취소했습니다. 대신들이 개정을 원치 않았고, 이미 오래된 결정을 번복할 수 없다는 이유였어요. 애초에 중종은 반정공신을 포함한 훈구파 세력을 견제하려고 조광조와 사림을 내세운 것이었습니다. 그런데 이제 조광조와 사림 세력이 너무 강해져서 중종에게 위협이 되었어요. 결국 중종은 훈구파 대신들을 통해 조광조와 사림 세력을 숙청했어요. 사림에게 닥친 세 번째 사화, '기묘사화'였습니다.

기묘사화 이후에도 계속 정치적 혼란이 이어지던 가운데, 남쪽에서는 대마도의 지원을 받은 왜구가 삼포왜란을 일으키고, 북쪽에서는 여진족이 노략질을 일삼았습니다. 남북 변방의 혼란에 대처하기 위해 조정에서는 비변사를 설치합니다. 그리고 1544년, 중종은 57세 나이로 눈을 감았습니다.

임진왜란, 조선 역사의 분기점이 된 전쟁

    12대 인종은 조선 역대 왕 중 가장 짧게 치세한 임금입니다. 6세에 왕세자가 된 후 24년 동안 세자 수업을 받다가 임금으로 산 세월은 고작 8개월에 불과했어요. 갑자기 원인 모를 병세가 위독해져 괴로워하다가 후사를 남기지 못하고 세상을 홀쩍 떠나 버린 것입니다. 그러나 당대 선비들은 인종을 성군이라고 칭송했습니다. 어릴 때부터 총명하여 글 읽기를 즐기고 공손한 성품에 효심까지 지극하니, 당대 선비들이 기대하는 이상적인 유교 군주의 면모를 갖추고 있었습니다.

총명하고 자애로운
인종의 즉위

　문제는 건강이 상할 정도로 인종의 효심이 지극했다는 거였어요. 인종은 아버지 중종이 승하한 뒤 6일을 죽 한 숟갈 뜨지 않고 굶었으며, 5달 동안은 죽만 간신히 먹으며 식음을 전폐했습니다. 아버지가 너무 그리운 날엔 창덕궁과 경복궁 곳곳에서 아버지 흔적을 찾아다녔어요. "여기는 앉으신 곳이고 여기는 기대신 곳이다." 하며 밥도 안 먹고 종일 눈물을 쏟았습니다. 너무 오랫동안 끼니를 챙기지 않아 몸이 날로 쇠약해졌어요. 그러자 대신들은 인종에게 밥을 먹이기 위해 계속해서 고기반찬을 권하곤 했습니다.

　가족을 많이 잃은 인종에겐 외로움이라는 결핍이 있었어요. 아버지뿐 아니라 우애가 돈독했던 누나 효혜공주가 일찍이 생을 마감했을 때도 너무 슬퍼해 병이 날 뻔했다는 이야기도 전해집니다. 심지어 인종의 어머니 장경왕후는 인종을 낳고 얼마 못 가 돌아가셨으니, 마음이 얼마나 아팠을까요. 그래서 자기를 미워하는 계모 문정왕후에게 어머니 대신 효성을 다했습니다. 하지만 문정왕후는 남편의 전 부인이 낳은 인종에게 마음을 주지 않았어요. 자기가 낳은 아들 경원대군을 왕위에 올리려는 욕심뿐이었어요. 야사에는 문안 인사를 온 인종에게 자기 아들 경원대군을 언제쯤 죽일 거냐고 막말을 던졌다고 전해져요.

또한 문정왕후 윤씨가 인종을 몇 차례나 죽이려 했다는 설도 유명합니다. 인종이 세자일 때 빈궁과 함께 잠들어 있는데 주위에서 뜨거운 열기가 올라 잠에서 깨어 보니 동궁이 불타고 있었답니다. 하지만 인종은 당황하지 않고 빈궁을 깨워 먼저 나가라고 하더니 자신은 조용히 앉아서 타 죽겠다고 말했대요. 이미 여러 차례 그를 죽이려 시도한 계모 문정왕후의 소행임을 눈치챘던 거지요. 계모가 그토록 자신의 죽음을 원한다면 그 뜻에 따라 죽어주는 것이 자식 된 도리라고 여긴 것입니다. 세자의 말을 들은 빈궁은 절대 혼자 나갈 수 없다며 자리를 지켰어요. 두 사람은 같이 불타 죽기 일보 직전, 밖에서 중종이 세자를 애타게 부르는 소리를 듣고 그제야 밖으로 나왔다고 합니다. 그 외에 문정왕후가 독이 든 떡을 먹였다는 인종 독살설이 세간에 돌기도 했어요. 물론 이런 설들은 후대에 문정왕후를 깎아내리기 위해 각색된 것으로 볼 수 있지만, 그만큼 문정왕후의 압박이 심한 상황이었음을 짐작하게 합니다.

인종은 재위 기간이 워낙 짧아서 이렇다 할 업적을 남기지 못했지만, 기묘사화로 화를 입은 조광조의 원한을 풀어주고 현량과를 복구했습니다. 너무 갑작스럽게 인종의 병이 위급해져 기운이 탈진하고 혀가 짧아져 정신을 잃었다는 기록이 실록에 등장해요. 이렇게 허망하게 눈을 감은 인종은 서른이 넘도록 후사를 보지 못했기에, 어린 이복동생이 왕위를 이었습니다.

여인천하 시대를 연
수렴청정의 시작

1545년, 드디어 문정왕후가 소원을 이뤘습니다. 친아들 경원대군이 13대 국왕 명종으로 등극한 것입니다. 명종은 당시 12세밖에 안 되는 어린 나이라 모후인 문정왕후가 8년간 수렴청정하며 국정을 운영했어요. 명종이 즉위한 해, 을사사화가 발생했습니다. 연산군 대의 무오사화, 갑자사화, 중종 대의 기묘사화에 이어 네 번째 사화였어요.

을사사화는 인종의 어머니 장경왕후와 명종의 어머니 문정왕후, 두 외척 간의 세력 싸움이었습니다. 그 사이에서 일부 사림이 화를 당했다고 해서 을사사화라고 불리지요. 이것은 대윤과 소윤의 싸움이기도 했습니다. 대윤은 인종의 외가인 윤임 일파를 말하고, 소윤은 명종의 외가인 윤원형의 세력을 말합니다. 인종이 즉위했을 때 대윤이 승기를 잡으며 싸움이 일단락됐다가, 인종이 죽고 명종이 즉위한 뒤에는 다시 소윤이 권력을 잡았어요. 이때 정권을 장악한 소윤파 윤원형이 누나 문정왕후와 함께 대윤파를 대대적으로 숙청하면서 벌어진 것이 을사사화입니다. 이때 외척 간의 싸움에 휘말린 사림이 대거 희생되면서 국정을 운영할 인재들이 영원한 별이 되었습니다. 을사사화 발생 2년 뒤, 오늘날 양재역 근처에는 붉은 글씨로 쓴 벽서가 한 장 나붙었어요.

"여주가 위에서 정권을 잡고 간신 이기 등이 아래에서 권세를 농간하고 있으니 나라가 장차 망할 것을 서서 기다릴 수 있게 되었다. 어찌 한심하지 않은가."

누가 봐도 문정왕후를 겨냥한 것이었습니다. 이에 분노한 문정왕후는 대윤파의 잔당까지 모조리 소탕했어요. 일명 '양재역 벽서사건'이었습니다. 당시 문정왕후가 여주라고 불릴 정도의 위세를 떨쳤음을 알 수 있지요. 이 일은 을사사화의 여파로 발생한 일이라 '정미사화'라고도 불립니다. 벽서사건 이후 반대파를 다 제거한 문정왕후의 소윤 일파가 조정을 장악하면서 간신배들이 늘어나 정치가 문란해졌습니다.

문정왕후는 명종의 친정이 시작된 뒤에도 조정을 뜻대로 쥐락펴락했습니다. 윤원형이 죄를 지어도 당당히 굴었고, 명종에게는 우리 없었으면 주상이 그 자리에 앉아 있는 게 가당키나 하냐고 말할 정도였습니다. 윤원형 집안 창고엔 온갖 뇌물이 넘쳐흐르고, 지배층의 수탈에 백성은 도탄에 빠지니 결국 '임꺽정의 난'이 발생합니다.

1555년에는 건국 이래 가장 심각한 피해가 발생한 왜구 침입이 일어납니다. '을묘왜변' 사건인데, 조선군의 반격과 의병들의 활약 끝에 결국 왜구를 물리칠 수 있었습니다. 이로써 중종 때 임시 설치했던 비변사를 상설 기구로 바꿔 외침에 대비하도록 했습니다.

한편 문정왕후는 불교에 마음을 쏟아 전국적으로 약 300개의 절을 공인해주고 보우를 지원하여 불교 부흥을 도모했습니다. 그러자 조선 팔도에서 유생들의 상소가 쏟아지기 시작했어요. 그럼에도 문정왕후의 불교 사랑은 지극했습니다. 하지만 아이러니하게도 문정왕후는 1565년, 불교 모임에 가려고 목욕재계하다가 감기에 걸려 죽었습니다.

문정왕후 사후 어깨를 편 명종은 인재를 고르게 등용하며 정치 기강을 잡으려 했지만, 불과 2년 만에 문정왕후의 뒤를 따라가고 말았습니다. 서른넷의 나이로 병사한 것입니다. 명종의 아들 순회세자는 이미 13세 나이로 죽었으니, 결국 후사 없이 떠난 셈이었어요. 그래서 중종의 아홉째 아들 덕흥군의 셋째 아들 하성군이 후계를 잇습니다. 그가 바로 조선 최초의 방계 출신 임금, 선조였습니다.

사림에서 갈라진
동인과 서인의 대립

1567년, 14대 임금 선조가 즉위했습니다. 선조 대의 가장 큰 특징은 사림의 시대가 되면서 본격적인 당쟁의 역사가 시작됐다는 점이었어요. 약 50년에 걸쳐 네 차례 벌어진 사화에서 크게 타격받았음에도 사림은 결국 역사를 주도하는 세력으로 자리 잡았습니다. 사림은 지방 서원과 향약을 지지기반 삼아 세력을 확대할 수 있었지요. 즉위 초 선조는 훈구 세력을 몰아내고 성리학으로 무장한 사림 세력을 대거 등용했습니다. 그러나 사림 내부에서 국정을 운영하는 방식에 대해 의견이 달라 결국 두 세력으로 갈라지게 되었어요.

사림이 동인과 서인으로 분열된 계기는 이조전랑에 관한 갈등이었어요. 이조전랑은 6조 중 하나인 이조의 관직인데, 높은 자리는 아니지만 삼사 관리의 인사 추천권이 주어진 중요한 자리였습니다. 이 자리를 두고 심의겸과 김효원이 경쟁했어요. 결국 이조전랑 자리는 김효원의 차지가 되었습니다. 그러다가 김효원의 후임으로 심충겸이 거론됐어요. 심충겸은 다름 아닌 심의겸의 동생이었습니다. 그런데 김효원이 이를 거부하면서 심의겸과 김효원 사이에 갈등의 골이 깊어진 거예요. 이를 계기로 심의겸을 지지하는 세력과 김효원을 지지하는 세력이 갈라졌습니다. 김효원은 서울 동쪽에 살아서 동인, 심의겸은 서울 서쪽에 살아서 서인이라고 부르게 됐어요. 1575년, 이렇게 사림이 동인과 서인으로 갈라서면서 앞으로 300년간 이어지는 조선 당쟁의 역사가 시작됐습니다.

조선 붕당의 특징은 학연이 중요했다는 점이에요. 동인 세력에는 이황과 조식 계열이 포함됐고 서인 세력에는 이이와 성혼 계열이 포함됐습니다. 붕당의 또다른 특징은 지연이었어요. 동인에는 지방 출신이 많았고 서인에는 서울이나 경기도 출신이 많았습니다. 붕당은 같은 정치 이념과 학문적 입장을 공유하는 정치 집단을 의미합니다. 각각의 정파가 상호 견제하며 균형을 이루는 경우 합리적인 국정 운영이라는 긍정적 기능을 기대할 수 있었어요. 그러나 정파 간의 균형과 견제가 무너진다면 긍정적 기능 역시 사라집니다. 훗날 정파 간의 균형이 무너져 폐단이 생기자 영조와 정조 시기에 탕평책을 도입하는데, 이것이 결국 붕당정치의 순기능까지 무너뜨려서 세도정치를 낳았어요.

이렇게 붕당을 형성한 초반에는 한동안 동인이 집권했어요. 하지만 서인이 대반격하는 계기가 된 사건이 일어났으니, 1589년 '정여립의 난'이었습니다. 정여립이 반란을 도모한다는 보고가 비밀리에 올라온 거였어요. 정여립은 명석함과 잔혹함이 남다른 인물이었습니다.

어린 시절, 정여립이 동네 친구들과 놀다가 까치를 토막낸 적이 있었어요. 아버지가 누가 한 짓이냐고 물으니, 여종이 정여립이 그랬다고 일러바쳤어요. 그날 밤 여종은 정여립 손에 죽게 됩니다. 정여립은 아버지조차 두려워할 정도로 잔인했어요. 게다가 똑똑해서 25세에 문과에 급제했어요. 원래는 율곡 이이를 따르는 서인 계열이었는데 나중엔 대세였던 동인 쪽으로 옮겨 가더니 선조 앞에서도 대놓고 이이를 욕했습니다. 선조는 정여립이 별로 맘에 들지 않았기에 결국 정여립은 고향에 내려갔어요. 그런데 이때 정여립은 공부를 가르친다면서 동네의 불량배와 힘센 노비에 무사까지 모아 대동계라는 단체를 만들어 키웠어요. 그러는 와중에 선조에게 정여립이 역모를 일으킬 거라는 비밀 상소가 날아온 거였지요. 이에 동인들은 당황하고, 정여립은 도망치다가 칼을 거꾸로 땅에 꽂아 스스로 찔려 죽었습니다.

이 사건으로 인해 '기축옥사' 사건이 시작됐어요. 서인의 실세 정철이 정여립 사건 조사를 맡으면서 동인 세력을 제거하기 시작했죠. 〈관동별곡〉을 지은 정철은 문학가인 동시에 정치판을 휘두른 서인의 거두였습니다. 정철은 어떻게든 동인 세력을 정여립과 관련지어 줄줄이 처벌하기 시작했어요. 심지어 정여립의 시체를 보던 김빙이 찬바람을 맞아 흐른 눈물을 닦다가 정여립이 죽어서 그렇게 슬프냐고 오해받아 처형되기도 했습니다. 약 3년에 걸쳐 1,000명에 육박하는 인원이 숙청됐고, 이로써 서인이 정권을 장악합니다.

그런데 선조에게 적장자가 없는 상황에서, 정철이 후사를 위해 광해군을 세자로 책봉하자고 주장합니다. 내키지 않았던 선조는 정철이 괘씸하여 유배를 보내버렸어요. 일명 '건저의 사건'인데 건저는 세자를 세운다는 의미입니다. 이때 서인 정철의 처벌 문제를 놓고 동인 사이에서 의견이 갈렸어요. 결국 동인이 남인과 북인으로 갈라집니다. 남인은 온건한 처벌을, 북인은 강경한 처벌을 주장했지요.

조선의 분기점이 된
임진왜란의 발발

1392년 조선 건국 이후 16세기까지 한반도에는 200년간 평화가 이어졌습니다. 이때 옆 나라 일본에서는 각 지방을 통치하는 다이묘들이 100년 넘게 땅따먹기 싸움을 벌이는 전국시대가 펼쳐지고 있었어요. 도요토미 히데요시는 1585년 국정을 총괄하는 관백의 자리에 올라 1590년 일본의 전국 통일을 마무리합니다. 자신감이 하늘을 찌른 도요토미는 대륙 침공의 야망을 품었습니다. 물론 16세기 일본은 아직 동아시아를 넘볼 깜냥은 되지 못했어요. 내부적인 반대 의견에도 귀를 틀어막은 채 도요토미는 조선을 통한 대륙 침공을 준비했습니다. 도요토미는 조선에 스파이를 보내 한반도 지도까지 꼼꼼하게 확보했고, 전국적으로 병사를 배정해 치밀한 준비를 이어갔어요.

폭풍 전야의 16세기 말, 조선에서도 이상한 분위기를 감지했습니다. 대마도주를 통해 들은 도요토미의 요구는 황당했어요. 명을 침공할 테니 길을 내달라는 내용에 조정은 혼란에 빠졌지요. 임진왜란 발발 2년 전인 1590년에 선조는 정세를 파악하기 위해 일본으로 조선통신사를 파견합니다. 최고 책임자 정사에는 서인 황윤길을, 부사에는 동인 김성일을 임명했습니다.

그런데 우여곡절 끝에 도요토미를 만나고 돌아온 두 사람은 극단적인 반대 의견을 보고했어요. 황윤길은 도요토미의 눈빛

조선 침략이라는 야욕을 키운 도요토미 히데요시를 그린 그림.

에 광채가 있고 야심이 가득하다고 묘사하며 반드시 조선에 쳐
들어올 거라고 했지만 김성일은 도요토미가 허세를 부린다며 절
대 쳐들어오지 않을 거라고 반박했습니다. 기존에 조정의 대세
는 과도한 전쟁 대비에 반대하는 의견으로 기울어 있었어요. 괜
히 군량이나 까먹을 바엔 그것으로 백성들 세금 부담을 줄여주
는 편이 낫다는 생각이었던 거지요. 이런 상황에서 통신사 말만
믿고 군사를 진짜 정비해야 할지 구체적인 방향을 결정하기엔

확실한 정보가 너무도 부족했습니다. 그럼에도 조선은 1591년부터 전쟁에 대비하기 시작했습니다. 하지만 성곽 보수며 군사 훈련까지 비용이 만만치 않았어요. 그러자 쓸데없이 노동력을 차출하고 낭비한다는 식의 각종 불만이 터져 나오기 시작했어요.

1592년 4월 13일, 무방비 상태의 부산 앞바다가 압도적인 수의 일본군 함선으로 새까맣게 뒤덮였습니다. 7년간 이어질 임진왜란의 시작이었습니다. 도요토미가 조선에 파견한 병력은 약 20만 명, 예비군 등 조선 침공에 동원된 총 병력은 28만 6,000여 명에 달했습니다. 일본군은 혈투로 다져진 전투력 '만렙'의 정예병으로 구성돼 최신식 무기 조총으로 무장하고 있었어요.

섬나라 일본의 지리적 특징은 조총이나 기독교 등의 서양 문물을 오히려 더 유연하게 받아들이는 계기가 되었습니다. 기독교는 일본이 명나라가 세상의 중심이라는 고정관념에서 벗어나게 해줬고, 조총은 전투 양상을 혁신하며 전국 통일을 앞당겼습니다.

1543년에 포르투갈 상인으로부터 전해진 조총은 체력이 약하거나 무예에 소질이 없는 최하위 무사들까지 쉽게 다룰 수 있는 획기적인 신식 무기였습니다. 그러나 일본군의 조총에도 한 가지 단점이 있었으니, 연사가 안 된다는 점이었어요. 한 번 발사하면 다음 발사까지 시간이 오래 걸렸지요. 이러한 단점을 보완하기 위해 앞줄이 총을 쏘고 물러나면 뒷줄에서 곧바로 번갈아 발사하는 방식을 취했습니다.

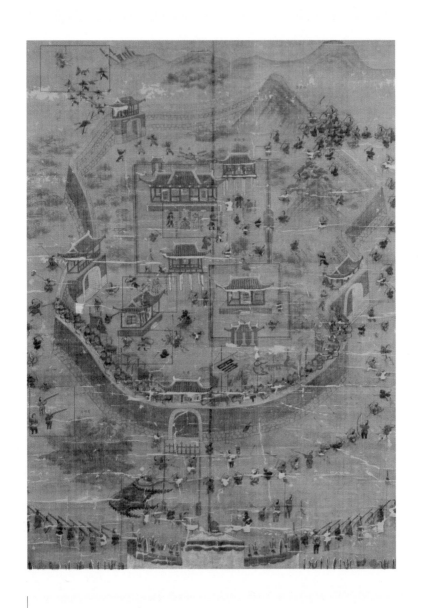

부산 동래성 전투를 그린 〈동래부순절도〉.

부산에 상륙한 일본의 5만 선봉군은 세 갈래로 갈라져 빠르게 북상했고, 날벼락 같은 침략군의 공세에 조선군은 힘없이 무너졌습니다. 하지만 여진족 소탕으로 명성을 날리던 신립 장군은 자신만만했습니다. 신립은 천혜의 요새인 조령에 진을 치자는 의견을 묵살한 채, 충주 탄금대에서 배수진을 쳤어요. 하지만 이는 신립의 오판이었습니다. 이곳이 평지이긴 해도 땅이 질퍽대는 논밭이라 기병대는 당황해 허우적거릴 뿐이었어요. 오히려 일본 조총부대는 둔하고 덩치 큰 기마부대를 더 편안하게 쏠 수 있었어요. 결국 패배한 신립은 스스로 강물에 몸을 던지고, 한양은 공황 상태에 빠졌습니다.

거침없이 북상하는 일본군은 며칠 안에 한양까지 쳐들어올 기세였어요. 이제 선택의 여지가 없었습니다. 선조는 비가 억수같이 쏟아지는 새벽, 피난길에 올랐어요. 혼비백산한 신하들이 대부분 도망치는 바람에 국왕의 피난 행렬 인원이 100명도 되지 않았습니다. 그러는 사이 일본군은 불과 20일 만에 한양을 점령했습니다.

게임이 쉽게 끝났다고 생각한 일본군은 한양에 왕이 없어 당황합니다. 일본 전국시대엔 성주가 할복하거나 항복해야 전투가 끝나는 것이었으니, 조선 국왕이 성을 버리고 도망갈 줄은 몰랐던 거지요. 선조가 비겁하고 소인배 같은 행적을 많이 남겼음에도 피난 자체만 놓고 보면 그 상황에선 최선이었다고 볼 수 있겠습니다. 피난으로 시간을 벌어둔 사이 각지에서 궐기한 의병과 무적의 이순신 함대가 활약을 펼쳐 초반의 불리한 전세를 뒤집을 수 있었기 때문입니다. 선조의 피난길은 한반도 최북단 의주까지 이어졌습니다. 불안에 떨던 선조는 자신의 안위를 걱정하며 툭하면 "내부하는 것이 나의 뜻"이라고 말해 신하들의 속을 뒤집었습니다. '내부'란 다른 나라에 들어가 붙는다는 뜻입니다. 선조의 요청으로 명나라가 파병을 결정했어요.

한편 전쟁 초, 급히 왕세자로 책봉된 광해군은 조정을 둘로 나눈 분조를 이끌며 활약했습니다. 전장을 돌며 의병을 독려하는 젊은 왕세자의 존재는 요동치던 민심을 안정시켰어요. 백성들은 아직 나라가 망하지 않았음을, 희망이 꺼지지 않았음을 국난에 앞장선 동궁의 존재를 통해 체감할 수 있었습니다.

각 지방의 유생과 승려를 비롯한 민중은 자신들을 스스로 지키기 위해 의기투합했습니다. 특히 경상도 의령에서 들고 일어난 시골 선비 곽재우는 의병을 모아 게릴라전을 펼치며 적군의 보급로를 차단했어요. 여러 사람에게 자신과 똑같은 붉은 옷을 입혀 적군을 교란한 곽재우는 일명 '홍의장군'이라고 불렸습니다. 모든 면에서 열세였음에도 굴하지 않던 의병들의 기개는 적군의 사기를 꺾기에 충분했습니다. 게다가 조선은 전쟁의 신, 이순신 보유국이었습니다. 이순신의 수군은 바다에서 연전연승하며 국가 최대의 위기를 극복하고 있었습니다.

생각보다 전쟁이 길어지자, 진작 발을 빼고 싶었던 명과 일본은 자기들끼리 강화 협상을 벌이기 시작합니다. 선조가 조선의 전시 작전권을 명에 넘겼기 때문에 조선이 빠진 것이었어요. 명나라는 일본군의 무조건 철수와 도요토미의 사죄를 요구했고, 도요토미는 명나라 황녀를 일본 천황의 후궁으로 삼고 조선 땅 절반을 떼 달라고 요구했습니다. 결국 답 없는 강화 협상은 파투 나고, 분노한 도요토미는 조선을 재침략하기로 했어요. 그렇게 1597년, 약 14만 일본군이 조선에 다시 쳐들어오면서 정유재란 이 발발합니다.

13척의 배로
133척을 상대하다

선조와 무신 원균은 이순신을 질투하고 깎아내리며 소인배 같은 모습을 보였어요. 이순신은 한양에 압송돼 고문받고 사형 선고까지 받았습니다. 그러다 우의정의 청원으로 결국 권율 장 군 밑에서 백의종군하게 되었어요.

1597년은 이순신 장군에게 최악의 해였습니다. 이순신의 어 머니는 병든 몸을 이끌고 아들을 보러 가다가 숨을 거두었어요. 이순신은 백의종군하는 처지라 돌아가신 어머니 장례도 제대로 치를 수 없었습니다. 한편 이순신을 대신해 수군을 지휘하게 된 원균은 칠천량 해전에 나섰어요. 이때 이순신 장군이 그동안 피 땀 흘려 키워온 조선 수군이 칠천량 바닷속에 모조리 수장되고 맢았어요. 150척가량의 주선 전함이 줄줄이 침몰하고, 겨우 12척의 배만 남아 있었습니다. 그 후 이순신 앞으로 선조가 쓴 편지가 한 통 도착했어요.

"그대의 직함을 갈고 그대를 백의종군하도록 하였던 것은 나의 모책이 어질지 못함에서 생긴 일이었거니와 그 결과 오늘 이런 패전의 욕됨을 만나게 됐으니 무슨 할 말이 있으리오, 무슨 할 말이 있으리오."

뒤늦게 선조는 이순신에게 거듭 사과했는데, 생뚱맞게 이순신 장군에게 육군에 합류하라고 지시했어요. 그도 그럴 것이, 원균이 박살 낸 탓에 더 이상 수군은 답이 없다고 여긴 거지요. 이에 이순신은 황급히 답장을 써서 보냅니다.

"신에게는 아직 12척의 전선이 있사옵니다. 죽을힘을 다해 맞서 싸운다면 해볼 만합니다. 전선의 수는 부족하지만, 보잘것없는 신이 살아 있는 한 감히 적은 조선의 바다를 넘보지 못할 것입니다."

이렇게 이순신은 추가 확보한 1척까지 총 13척의 판옥선을 이끌고 바다로 나갔습니다. 명량해협의 사나운 회오리 물살은 듣던 대로 엄청난 소리를 냈지요. 이곳은 남해와 서해가 연결되는 좁은 해협으로, 폭이 가장 좁은 곳은 300미터도 채 되지 않았습니다. 지형적 특성상 조류의 속도가 무척 빨라서, 물이 휘돌아

나갈 때 우는 소리를 낸다고 하죠. 그래서 명량을 우리말로 '울돌목'이라고 합니다.

그런데 대체 어떻게 13척의 배로 133척의 적선을 이길 수 있었을까요? 이순신의 전략은 좁은 골목 입구에 서서 17대 1로 싸우는 방식이었습니다. 폭이 좁은 명량해협의 입구를 딱 지키고 있으면, 그 많은 적선이 한 번에 들어올 수도 없고 함대를 둘러쌀 수도 없었지요. 회오리 물살을 만나 우왕좌왕하던 적선 사이로 불길이 옮겨붙고, 끝내 일본 수군이 철수하기 시작합니다. 빠르게 바뀌는 조류와 좁은 지형을 활용해 기적처럼 10배나 많은 적군을 물리친 것입니다.

그리고 1598년 9월, 도요토미가 사망합니다. 끝내 조선을 정복하지 못한 도요토미의 유언은 조선에서 철군하라는 명이었어요. 일본군이 줄줄이 후퇴할 때 이순신은 노량 앞바다에서 최후의 결전을 준비했습니다. 조선 수군의 기습 공격을 시작으로 노량해전이 이어지던 중 이순신 장군은 적군의 총탄을 맞아 장렬히 전사합니다. 눈을 감기 전, 이순신 장군은 마지막 명령을 내렸어요.

"싸움이 급하니 나의 죽음을 적에게 알리지 말라."

조선 수군은 장군의 유언에 따라 끝까지 싸워서 대승을 거두었습니다. 이윽고 이순신의 죽음이 알려지자 모두가 통곡했습니

광화문 광장에 있는 이순신 동상.

다. 1598년 11월 19일, 노량해전을 끝으로 7년간의 임진왜란이 종결되었습니다.

임진왜란은 조선 역사의 분수령이 된 대사건이었습니다. 조선왕조 건국 이래 민족 최대의 위기였고 전쟁의 무대였던 조선 국토는 황폐해지고 인구는 엄청나게 줄었습니다. 《조선왕조실록》에는 전쟁과 대기근으로 아사자가 속출하였고, 백성들은 죽지 못해 살아가다 시신까지 파먹었다는 기록이 남았습니다. 조정에서는 정치 싸움이 심해져 혼란한 나날이 이어졌어요. 결국 선조는 전쟁을 제대로 뒷수습하지 못한 채, 59세 나이로 눈을 감았습니다.

PART 05

격동의 시대를 거쳐
조선에서 대한제국으로

❀ 조선 후기 주요 사건 연표 ❀

1608년	대동법 시행
1623년	인조반정
1627년	정묘호란
1636년	병자호란
1659년	1차 예송(기해예송)
1674년	2차 예송(갑인예송)
1680년	경신환국
1694년	갑술환국
1728년	탕평책 실시
1750년	균역법 실시
1811년	홍경래의 난
1860년	최제우, 동학 창시
1866년	병인박해, 제너럴셔먼호 사건, 병인양요
1871년	신미양요, 척화비 건립

청나라에 굴복한
인조의 굴욕

조선의 17세기를 연 광해군은 공로와 과실에 대해 평가가 극단적으로 엇갈리는 인물입니다. 오랫동안 폐모살제廢母殺弟를 저지른 패륜 임금으로 낙인찍혀 있었지만, 오늘날엔 실리외교를 펼친 현군으로 재평가받기도 합니다. 어릴 땐 전쟁 영웅으로, 말년엔 죄인으로 산, 파란만장한 삶의 주인공이지요.

후궁의 둘째 아들로 태어난 광해군은 서자 출신이라는 꼬리표를 달고 살아야 했습니다. 그런데 공교롭게도 그의 아버지 선조는 조선 최초의 방계 혈통이자 서자 출신 왕이었어요. 서자 콤플렉스가 있던 선조는 서자인 광해군을 세자로 책봉하기를 꺼렸지만 신하들 등쌀을 이기지 못했어요. 광해군은 임진왜란이 터지자 바쁘게 도망친 선조를 대신해 임시 조정인 분조를 이끌고 전장을 누비며 의병을 독려했습니다.

하지만 왕세자 자리는 바람 앞의 등불과 같았습니다. 당시 조선에선 세자를 책봉하면 명나라에 정식으로 인정받는 절차를 거쳤는데, 명에서 세자 책봉을 계속 거절했어요. 명나라는 장자인 임해군이 있으니 광해군의 세자 책봉을 인정할 수 없다는 입장이었어요. 하지만 임해군은 세자로 책봉할 수 없는 인물이었습니다. 백성들을 때리거나 재물을 빼앗는 경악스러운 행실을 일삼으니, 누가 봐도 부적격이었지요.

전쟁이 끝난 뒤에 광해군의 위치는 더 불안해졌습니다. 왕비 의인왕후가 세상을 떠나고 선조는 새 왕비 인목왕후를 맞이했는데, 인목왕후는 광해군보다도 어린 19세였어요. 그런데 이 어린 새어머니가 아들 영창대군을 낳은 것입니다. 선조는 적자인 영창대군에게 왕세자 자리를 주고 싶었어요. 대신들은 어떤 줄을 잡아야 할지 머릿속이 바빠졌습니다. 결국 광해군을 지지하는 대북파와 영창대군을 지지하는 소북파로 세력이 갈라집니다.

그런데 1608년, 선조가 찹쌀밥을 먹다가 갑자기 승하했어요. 이때 영창대군의 나이는 고작 3세였어요. 선조가 죽기 전에 광해군에게 왕위를 계승한다고 고지를 내려 광해군이 34세 나이로 왕위에 올랐습니다.

광해군의 업적과
인조반정

　즉위한 광해군은 자신을 지지해준 대북파와 함께 국정 운영에 열의를 다했습니다. 특히 광해군의 중요한 업적 중 하나는 대동법을 경기도에서 시범적으로 시행한 것이었어요. 대동법은 모든 세금을 쌀로 통일해서 납부하게 하는 획기적인 조세 개혁이었지요. 원래 각 지방의 특산물을 내야 했던 기존 조세 제도의 문제점이 개선되면서 농민들은 더욱 편안하게 농사짓고, 공정한 방식으로 세금을 낼 수 있게 되었습니다.

　또한 선조의 지시로 시작된 《동의보감》 편찬이 광해군 때 완성됩니다. 조선 최고의 명의로 손꼽히는 허준이 열정을 불태워 집필한 《동의보감》은 조선 의학의 결정체이자 불후의 역작으로 평가받지요.

　한편 임진왜란 이후 17세기 동아시아 정세가 급변하고 있었습니다. 혼란의 명청 교체기였지요. 명과 조선은 전쟁으로 국력을 크게 소모했지만, 그 틈에 세를 불린 여진족의 후금이 북방의 신흥 강자로 떠올랐어요. 중원을 노리며 덩치를 키워가던 후금의 압박에 명은 물론 조선도 크게 영향받을 수밖에 없었습니다. 이에 광해군은 서로 대립하는 명과 후금을 예의주시하며 정보를 얻으려고 노력했어요. 전쟁에 직접 참여해본 광해군은 국제 정세에 밝은 편이었지요.

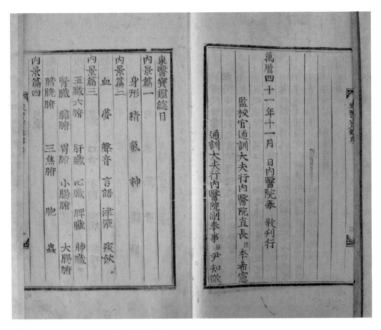

당시 의학 지식을 집대성한 《동의보감》.

　　후금과 싸우던 명나라는 조선에 군사 지원을 요구합니다. 전통적으로 사대의 예를 표하던 명의 요구를 무시할 수 없으니, 광해군은 1만 명의 병사와 함께 강홍립 장군을 파병했어요. 그러면서 강홍립 장군에게 상황을 봐서 처신하라는 밀명을 내립니다. 이에 따라 강홍립 장군은 후금에 투항해 이번엔 조선이 어쩔 수 없이 파병했고, 앞으로 후금에 적대적 행동은 하지 않겠다며 긴장을 완화했어요.

　　이때 조선 조정에서는 강홍립이 역적이라며 격앙된 반응을 보였습니다. 왜란 때 조선을 도와준 명나라에 감히 의리를 저버렸다면서, 강홍립의 가족까지 싹 다 처벌해야 한다고 소리 높였어요. 하지만 광해군의 생각은 달랐습니다. 대신들이 명분을 택했다면 광해군은 실리를 택한 거였지요. 광해군은 오히려 강홍립의 가족들이 한양에서 안전하게 지낼 수 있도록 보호해주었습니다. 광해군의 줄타기 외교로 조선은 후금이 쭉 덩치를 키우는 동안에도 외침을 피해 안전을 확보할 수 있었어요.

하지만 이런 왕의 행보는 대신들이 보기에 유교적 가치관에 어긋났습니다. 대신들은 명을 배신하고 오랑캐와 화친하려는 광해군이 못마땅했어요. 서인 세력은 광해군을 왕위에서 끌어내릴 작정으로 약점을 파기 시작했어요. 궁궐 복원 공사와 권력 남용 등 문제가 많았지만, 특히 주목한 광해군의 약점은 바로 폐모살제였습니다.

폐모살제는 어머니를 폐하고 동생을 죽였다는 뜻입니다. 왕권 강화에 집중하는 과정에서 광해군과 대북파는 여러 무리수를 두었어요. 특히 존재만으로도 위협이었던 영창대군은 결국 강화도로 유배된 뒤 살해되었어요. 영창대군을 낳은 인목왕후는 궁에 갇혀 창덕궁 출입도 못 하게 되었고요. 이런 행동은 대의와 명분과 효를 중시하는 유교적 윤리에 어긋났습니다. 결국 서인 세력이 광해군을 패륜 왕으로 낙인찍으며 인조반정을 일으켰고, 남인도 이에 동조하면서 광해군이 쫓겨납니다. 1623년, 그의 나이 49세였어요.

광해군은 강화도에서 10년 넘게 유배 생활을 하다가 1637년, 난데없이 천막으로 사방을 가린 배에 태워져 어딘가로 끌려갑니다. 그 배가 도착한 곳은 오늘날 제주도 구좌읍 행원리의 '어등포'라는 포구였어요. 당시 최악의 유배지였던 제주까지 왔다는 사실에 광해군은 "내가 어찌 여기까지 왔느냐?" 하며 슬퍼했다고 해요. 《공사견문록》 기록에 따르면 유배 시절 광해군은 심부름하는 나인이 영감이라고 부르며 무시해도 묵묵히 모욕을 참아 냈어요. 4년간의 제주도 유배 생활 끝에 1641년, 67세 나이로 눈을 감습니다.

병자호란과
삼전도의 굴욕

광해군과 북인이 쫓겨나면서 이제 인조와 서인이 조정을 휘어잡습니다. 인조반정으로 왕위에 오른 16대 임금 인조는 광해군의 중립 외교와 정반대 길을 걷기 시작했어요. 애초에 서인들이 광해군을 내쫓은 이유 중 하나가 명나라에 무성의했다는 점이었잖아요. 그러니 광해군과 반대로 명과의 의리를 강조해야 마땅한 입장이었지요. 하지만 이러한 친명배금 정책은 당시 동아시아 정세에서 불리한 노선이었습니다. 명은 나날이 쇠약해지고 후금이 점점 강해졌지만, 조정은 대세를 읽지 못했어요. 친명

배금 노선으로 갈아탄 조선은 결국 또다시 전쟁의 위험에 휘말리게 되었지요.

정변으로 왕이 된 인조는 즉위 초부터 난관에 봉착했습니다. 반정으로 새 정권이 들어선 지 얼마 되지도 않아 또 반란이 터진 거예요. 1624년에 발발한 '이괄의 난'입니다. 이괄은 인조반정 때 반정군을 이끌며 크게 공을 세운 인물입니다. 그러나 2등 공신에 책봉되자 큰 불만을 품었어요. 결국 군대를 이끌고 한양까지 쳐들어가더니 선조의 아들 흥안군을 왕으로 옹립하기에 이르렀습니다. 하지만 이괄의 부하들이 살기 위해 이괄을 죽이고 그의 머리를 갖다 바치면서 사건이 마무리됩니다. 이괄의 난은 인조 정권에 큰 충격을 줄 정도로 규모가 큰 내란이었어요. 심지어 인조는 한양 도성을 떠나 공주의 공산성까지 피신을 갔어요. 공산성의 쌍수정에서 머물던 인조는 이괄의 난이 평정됐다는 소식을 듣고 한양으로 복귀했습니다.

이괄의 난 이후 조선 정부는 중앙군을 강화하고 수도권 중심의 방어 체계를 개편하기로 했어요. 특히 유사시에 들어갈 피난처로 쓰기 위해 1626년, 남한산성을 완공했지요. 그러나 이괄의 난 이후 조선의 군사력이 약해졌어요. 이괄이 북방의 주력군을 데리고 남하한 이후로 국경 방어에 큰 허점이 생긴 것입니다. 게다가 이괄의 반란군 중 일부가 후금으로 도망치더니 광해군이 부당하게 쫓겨났다고 이르기까지 했어요.

가뜩이나 조선의 친명 정책이 거슬렸던 후금은 광해군의 원수를 갚겠다는 구실로 조선을 침공했어요. 이것이 1627년 일어난 정묘호란입니다. 3만 후금군의 침략에 인조는 황급히 강화도로 피난을 떠났어요. 정묘호란은 조선과 후금이 형제 관계를 맺기로 약속하며 마무리됩니다. 조선은 오랑캐로 여기던 후금과 형제 관계가 된 것을 치욕으로 여겼어요. 그런데 시간이 흐르면서 상황이 더 나빠집니다. 명과의 전쟁에서 승승장구하던 후금은 조선에 군신 관계를 요구했어요. 가뜩이나 형제 관계도 못마땅했는데, 이제 신하의 위치에서 그들을 황제로 모시라니, 청천벽력 같았지요. 너무나도 화가 난 조선은 후금의 요구를 받아들이지 않았지만, 이후 압박이 더욱 거세졌습니다.

1636년에 후금은 국호를 '청'으로 바꾸고 황제 체제를 선포하기에 이르렀어요. 당시 조선 조정은 2개의 파로 나뉘어 있었습니다. 척화파는 대의명분을 내세우며 더는 오랑캐에게 무릎 꿇지 말자고 주장했어요. 반면 주화파는 아무리 오랑캐라도 우리보다 군사력이 강하니 현실을 인정해야 한다고 외쳤지요. 현대인의 사고방식으로는 실리를 추구하는 것이 옳다고 여기기 쉽지만, 이때는 17세기 조선이었습니다. 어릴 때부터 유학이 삶의 지표였던 사대부에게 의리와 명분이란 목숨처럼 지켜야 할 도리였지요. 명에 대한 의리에 뿌리를 둔 척화론은 조선 신료 대다수의 목소리였습니다.

결국 청태종이 12만 대군을 이끌고 조선 침략에 나서니, 이 전쟁이 바로 1636년의 병자호란이었습니다. 청태종의 군대는 한양까지 파죽지세로 돌진합니다. 인조는 놀란 가슴을 부여잡으며 강화도로 급히 피신하려 했지만, 길이 막혀 결국 남한산성으로 들어갔어요. 청나라 군대가 포위하자 남한산성은 꼼짝없이 고립되었어요. 그렇게 숨 막히는 날이 이어졌습니다. 식량은 바닥나고, 병사들과 백성들은 추위에 벌벌 떨며 전의를 상실했어요.

청태종이 요구한 것은 조선 국왕이 신하의 예를 갖춰 항복하는 것이었습니다. 대신들 사이에서 심각한 논쟁이 벌어졌어요. 척화파 김상헌 등은 끝까지 맞서 싸우자고 외친 반면, 주화파 최명길 등은 청의 요구를 들어주자고 주장합니다. 결국 더 이상 버틸 수 없었던 인조는 남한산성 밖으로 나가 청태종에게 항복하기로 해요. 인조는 남색 군복 차림으로 매서운 겨울바람을 가르며 삼전도(현재 송파)로 향했어요. 높은 단 위에 올라앉은 청태종 앞에서 조선을 짊어진 국왕 인조가 삼궤구고두의 예를 표했습니다. 3번 절하고 9번 머리를 조아리는 항복 의식이었지요.

상이 남염의藍染衣 차림으로 백마를 타고 의장儀仗은 모두 제거한 채 시종 50여 명을 거느리고 서문西門을 통해 성을 나갔는데, 왕세자가 따랐다. 백관으로 뒤처진 자는 서문 안에 서서 가슴을 치고 뛰면서 통곡하였다. (중략) 사로잡힌 자녀들이 바라보고 울부짖으며 모두 말하기를, "우리 임금이시여, 우리 임금이시여. 우리를 버리고 가십니까." 하였는데, 길을 끼고 울며 부르짖는 자가 만 명을 헤아렸다.

— 《인조실록》, 인조 15년 1월 30일

삼전도의 굴욕을 담은 삼전도비 동판.

삼전도의 굴욕 사건으로 조선은 청의 신하가 되었습니다. 소현세자와 봉림대군이 청나라에 인질로 끌려가야 했어요. 청나라 사람들의 성적 노리개로 끌려갔다가 간신히 조선으로 돌아온 여인들은 고향에 돌아왔다는 뜻의 환향녀라고 불렸습니다. 하지만 그들은 몸이 더럽혀졌다며 사람들에게 손가락질당했고 남편에게도 버림받으며 상처투성이가 되었어요. 이처럼 조정에서 민중의 목숨보다 명분을 중시한 대가는 대부분 백성이 치러야 했습니다.

병자호란의 폭풍이 휩쓸고 간 이후, 인조는 아들 소현세자를 시기하고 의심하며 자꾸만 못난 모습을 보였습니다. 청나라 심양에 끌려간 소현세자는 세자빈 강씨, 동생 봉림대군과 함께 8년 간 인질 생활을 이어갔어요. 어려운 상황 속에서도 소현세자는 같이 끌려온 조선인을 보호하기 위해 애썼습니다.

마침내 1645년, 인질 생활에서 벗어난 세자 부부가 조선으로 귀국합니다. 하지만 고생 끝에 돌아온 그들 앞에 따뜻한 위로나 성대한 연회 따위는 없었어요. 아버지 인조의 싸늘한 눈빛과 찬 밥 대우뿐이었지요. 인조는 세자가 가져온 서양 문물을 받아들 일 생각조차 없었습니다. 이유가 뭘까요? 청태종 앞에서 일생일 대의 치욕을 겪은 인조는 소현세자의 친청 노선이 불안하고 싫 었던 것입니다. 혹시 청에서 자신을 폐위하고 세자를 왕위에 앉 히지 않을지 끝없는 의심에 빠져 있었지요. 인조의 불안과 스트 레스는 건강을 해칠 정도로 극심했습니다.

그리고 귀국한 지 불과 2달 뒤, 소현세자가 돌연 사망합니 다. 세간에는 소현세자 독살설이 떠돌았어요.《인조실록》에도 소 현세자의 죽음에 대해 "마치 약물에 중독되어 죽은 사람과 같았 다."라고 기록되어 있습니다.

세자는 본국에 돌아온 지 얼마 안 되어 병을 얻었고 병이 난 지 수일 만에 죽었는데, 온몸이 전부 검은빛이었고 이목구비의 일곱 구멍에서 는 모두 선혈이 흘러나오므로, (중략) 곁에 있는 사람도 그 얼굴빛을 분 변할 수 없어서 마치 약물에 중독되어 죽은 사람과 같았다.

- 《인조실록》 46권, 인조 23년 6월 27일

물론 인조가 소현세자를 독살했다는 증거는 없으니 단정할 수 없습니다. 그러나 소현세자가 급사한 이후 인조는 세자의 가족을 풍비박산 냈어요. 대신들이 세자빈 강씨를 성급히 처벌해선 안 된다고 하자, 인조가 화를 내며 세자빈을 '개새끼 같은 것'이라고 욕한 내용이 실록에 날것 그대로 기록되어 있습니다. 결국 강씨는 폐출되어 인조가 내린 사약을 받았고, 소현세자의 세 아들은 유배를 갔습니다. 이후 병자호란의 여파는 인조의 여생을 계속 따라다녔습니다. 병자호란의 후유증으로 조선의 백성들은 더욱 가난해졌으며, 청나라에 바쳐야 하는 막대한 조공은 국가 경제에 큰 부담이 되었어요.

예송논쟁의 압박 속
환국에 휩싸인 조정

1649년, 인조가 승하하며 새로 즉위한 봉림대군이 바로 17대 임금 효종입니다. 소현세자가 죽은 뒤, 둘째 아들 봉림대군이 왕세자로 책봉된 거였지요. 《조선왕조실록》에서는 효종의 효성이 지극했다고 기록합니다. 채소나 과일 같은 하찮은 것일지라도 반드시 아버지 인조께 먼저 올린 뒤에야 먹었다고 해요. 어릴 때부터 글공부도 성실히 했는데, 왕실 가족끼리 싸우던 기록을 볼 때면 책을 덮고 탄식했다고 합니다.

효종은 가족애가 대단했어요. 인조가 병자호란으로 남한산성으로 피난 갔을 때 효종은 강화도에서 식음을 전폐하고 눈물로

날을 보냈습니다. 그 후 형 소현세자와 함께 인질로 청나라 서양에 갔을 땐 형을 지극정성으로 챙겼어요. 귀국할 땐 청나라 사람들이 값비싼 선물을 챙겨 줬지만, 이를 마다하면서 조선인 포로를 돌려달라고 요구했습니다. 이에 청나라 사람들이 탄복했다고 해요.

이토록 가족과 백성에게 애정이 깊었던 효종은 아버지를 무릎 꿇린 청나라가 얼마나 미웠을까요. 효종은 인조의 복수를 위해 청나라 오랑캐를 정벌하자는 정책을 추진합니다. 일명 북벌론이었어요. 그래서 집권 초부터 친청 세력을 싹 제거해버렸어요. 당시 친청 세력의 대표 인물은 김자점이었습니다.

인조반정을 성공시킨 뒤 인조 옆에서 승승장구하던 김자점은 점점 더 탐욕에 눈이 멀어갔어요. 인조의 비위를 살살 맞추며 소현세자 일파를 제거하는 데 일조하기도 했어요. 그러나 인조가 사망하자 김자점의 하늘도 무너졌습니다. 효종 즉위 후 김자점을 탄핵하자는 상소가 줄줄이 올라왔어요.

1651년에는 김자점의 역모죄가 적발되었습니다. 국왕 효종은 친히 나서서 김자점을 신문했고, 자백한 김자점은 그 자리에서 도끼로 사지와 목을 자르는 끔찍한 극형에 처해졌어요. 김자점의 역모 사건으로 친청 세력이 조정에서 싹 제거되었어요.

북벌론을 주장한
산림의 등장

한편으로 새롭게 떠오른 세력은 바로 '산림'이었습니다. 산림은 재야의 학자들로, 사림과 구분되는 세력입니다. 청나라에 치욕을 당한 뒤, 정계에 진출하지 않고 은둔해 학덕을 쌓던 선비들이 세간의 존경을 받았어요. 재야에서 학문적 권위와 명성을 쌓은 산림은 17세기 중반 이후부터 조정의 부름을 받아 정계에 진출합니다. 조정에서는 산림에게 특별 대우를 했고, 서인 계열은 산림을 자신들의 지도자로 여겼어요. 대표적인 인물로는 김집, 송시열, 송준길, 윤휴 등이 있습니다.

그런데 사실 따져보면 효종의 아군은 김자점이고 적군이 산림이었어요. 효종 즉위 전에 왕세자 자리를 놓고 의견이 분분했는데, 김자점은 효종을 앉히자고 했고 산림은 소현세자의 아들을 앉혀야 한다고 여긴 것입니다. 그럼에도 효종이 즉위하자마자 산림을 조정으로 부른 이유는 뭘까요? 인조의 둘째 아들로서 정통성이 불안정했던 효종은 당시 대세를 이끌던 산림과 정치 파트너가 되어야겠다고 생각했어요. 명성이 높은 산림이 정계에 진출해 효종에게 힘을 실어준다면 국정을 운영하기 더 수월해질 테니까요.

조선은 애초에 친명 노선으로 세워진 나라였고, 사대부 역시 명과의 의리를 늘 중시했습니다. 하지만 명이 청에 멸망했으므로 조선이 명의 중화 문명을 이어가야 한다고 여겼지요. 그래서 산림은 청나라 오랑캐를 쳐서 명의 원수를 갚자는 북벌론을 밀었습니다. 효종이 산림의 북벌론을 채택하자 관직을 마다하던 송시열 등 산림이 드디어 정계에 진출했습니다. 송시열은 임진왜란 직후 혼란한 시대에 태어나 효종, 현종, 숙종 대에 걸쳐 조선 후기를 이끈 서인의 우두머리였어요.

그런데 송시열과 효종의 북벌론에는 차이가 있었습니다. 효종은 북벌을 군사적 방법으로 추진해서 왕권을 강화하고 싶어 했어요. 하지만 송시열은 군사적 방법으로 청을 직접 정벌하는 것은 무리수라고 생각했어요. 그가 주장한 북벌론은 바른 정사, 민생 안정이 핵심이었습니다. 송시열은 가뜩이나 전쟁 후 혼란한 조선에서 군비를 무리하게 확충하기보다 고통받는 백성을 먼저 챙겨야 한다고 주장했어요. 사실상 북벌론은 송시열을 비롯한 서인 세력에게 좋은 정치적 카드였어요. 병자호란의 패배로 누적된 정치적 책임이나 백성들의 분노를 전부 청나라를 향해 돌릴 수 있었지요. 하지만 실제로 청나라에 쳐들어갈 생각은 없었기 때문에 서인 세력은 실질적인 개혁 정책을 번번이 막아서곤 했습니다.

반면 국방에 관심이 많았던 효종은 수도를 방위하던 어영청을 대폭 확장하고 무기도 개발합니다. 효종은 서양식 신무기를 복제하는 성과도 이뤘어요. 효종 시대였던 1653년, 조선 땅에 낯선 네덜란드인들이 표류한 것이 계기였지요. 그 유명한 네덜란

네덜란드에 세워진 헨드릭
하멜의 동상.

드 선원, 하멜의 일행이었습니다. 하멜 일행은 일본 나가사키로
가는 길에 태풍을 만나 우연히 제주에 닿았어요.

제주에서 약 10개월을 보내다가 이듬해 한양으로 이송된 하
멜 일행은 왕의 친위대인 훈련도감에서 군인으로 근무하게 됐어
요. 북벌 정책과 무기 개발을 위해 외국인 병사를 배치한 거였지
요. 이때 효종은 하멜 일행이 가지고 있던 유럽의 최신식 머스킷
총을 접했어요. 조총보다 개량된 머스킷 총은 사격 속도가 훨씬
빨랐습니다.

하멜 일행은 이후에도 탈출에 실패해 유배를 가는 등 갖은 고생을 하며 조선에서 살았어요. 그러다 결국 1666년, 13년 만에 탈출에 성공해서 일본 나가사키로 향할 수 있었어요. 훗날 하멜이 남긴 보고서는 미지의 세계였던 17세기 은둔 왕국 조선을 유럽에 본격적으로 알리는 계기가 됐습니다.

효종은 재위 기간 내내 북벌과 개혁에 노력을 기울였고, 대동법을 전라도 지역까지 확대 시행하는 업적도 남겼습니다. 그러나 효종이 즉위 10년 만에 갑자기 승하하면서 북벌 정책도 순식간에 사그라들고 말았어요. 효종은 어이없게도 의료 사고로 사망했습니다. 머리에 난 작은 종기가 빠르게 번져 독이 퍼지자, 효종은 어의 신가귀를 불러서 침을 놓게 했어요. 전에 신가귀의 침술로 효과를 본 적이 있었거든요.

신가귀는 수전증이 있었지만 침착하게 침술을 마쳤습니다. 하지만 웬일인지 새빨간 피가 멎을 줄을 몰랐어요. 결국 효종은 과다 출혈로 쇼크사하고, 신가귀는 임금을 숨지게 한 죄로 사형당했습니다. 41세에 승하한 효종은 체격이 건장했어요. 어깨가 너무 넓어서 미리 짜놓은 맞춤형 관에 시신을 넣을 수 없는 지경이었다고 해요. 절차상 왕이 즉위하면 관을 미리 짜놓았는데, 고작 10년 만에 관이 작아질 정도로 효종은 꾸준히 무예를 연마했던 것입니다.

예송논쟁으로 한판 붙은
서인과 남인

1659년에 즉위한 18대 임금은 효종의 맏아들 현종입니다. 현종 대에 조선 사회는 서서히 안정을 되찾고 있었어요. 외부 침략도 없었고, 내부적으로 피바람이 불지도 않았으니 비교적 평화로운 시기였다고 볼 수 있지요. 하지만 막 즉위한 현종 앞에 덜컥 놓인 숙제는 서인과 남인의 치열한 정쟁, 예송논쟁이었습니다. 1차 예송논쟁은 인조의 계비이자 효종의 계모인 자의대비의 상복에 대한 논쟁이었어요. 효종이 승하한 뒤 상복을 몇 년 동안 입어야 하느냐는 문제였지요. 상복을 몇 년 입든 무슨 상관이냐는 의문이 들 수 있지만, 여기에는 효종의 정통성 문제가 달려 있었어요.

좀 더 자세히 살펴보면 이렇습니다. 《주자가례》에 따르면 장남이 죽은 뒤에 어머니는 3년 상을 치러야 했어요. 차남 이하의 아들이 죽었을 경우에는 1년 상(기년상)을 치러야 했지요. 그런데 효종은 장남이 아니라 인조의 둘째 아들이었습니다. 여기서 서인과 남인의 의견이 엇갈렸어요. 인조의 장남 소현세자가 죽었을 때 자의대비는 3년 상을 치렀습니다. 장남이 죽었을 때 치러야 하는 예에 따른 거였지요. 이번엔 둘째 아들 효종이 죽었는데, 둘째니까 1년 상을 치러야 할까요? 단순한 둘째 아들이 아니라 조선의 임금이었는데 말입니다. 그러니 마땅히 장남으로 대우해 3년 상을 치러야 한다고 주장할 수 있었던 것입니다. 효종에게 장남의 예를 갖춰 3년 상을 치르자고 말한 쪽이 남인 세력이었습니다. 남인의 허목과 윤휴 등은 효종이 왕위를 계승했으니 장남이나 마찬가지라고 주장했어요.

반면 서인의 송시열과 송준길의 생각은 달랐습니다. 왕이긴 해도 장남은 아니지 않냐면서 원칙대로 1년 상이 옳다는 것입니다. 왕위 계승 정당성 문제가 걸린 민감한 사안인 만큼 양측은 쉽게 물러날 생각이 없었어요. 남인 윤선도는 서인의 논리적 오류를 지적합니다. 서인이 이번 기회에 역모를 도모하는 것 아니냐며 마구 몰아붙였어요. 하지만 남인 윤선도의 주장에 화가 난 서인은, 우릴 모함한다며 탄핵 공격을 퍼붓습니다. 결국 윤선도는 귀양을 가야 했어요. 1차 예송논쟁에서는 서인이 승리를 거둔 셈입니다. 현종은 더 이상 거론하지 말라고 엄명을 내립니다. 이렇게 사건은 일단락됐지만, 패배한 남인의 기세가 한풀 꺾였어요.

그리고 시간이 흘러 1674년, 이번엔 효종의 비 인선왕후가 사망합니다. 조정에서는 또다시 격렬한 논쟁이 시작됐어요. 이것이 2차 예송논쟁입니다. 논쟁의 대상은 이번에도 죽은 인선왕후의 시어머니인 자의대비였어요. 장남의 부인이 죽으면 기년복을 입고, 차남의 부인이 죽으면 상복을 9개월만 입는 대공복을 입는데, 이것이 문제가 된 것입니다. 서인들은 또다시 효종을 차남으로 구분했고, 남인들 역시 이에 맞서 반발했습니다. 효종이 그냥 둘째 아들이냐면서 엄연히 왕위를 계승한 만큼 장남으로 대우해야 한다고 주장했지요.

그런데 2차 예송에서는 하나의 변수가 발생합니다. 서인 세력이 내부적 갈등을 겪다가 자기들끼리 갈라진 것입니다. 현종의 장인 김우명과 그의 조카 김석주는 1차 예송 때 송시열을 따랐어요. 하지만 2차 예송 땐 돌연 남인의 주장을 지지하고 나섰죠. 대체 무슨 꿍꿍이였을까요? 이들의 속셈은 이번 기회에 송시열을 제거하고 서인 정권의 주도권을 잡겠다는 것이었습니다. 이런 변수로 현종은 2차 예송에서 남인의 손을 들어주었어요. 사망한 인선왕후는 장남의 부인으로서 예우받게 되었지요. 이래저래 피곤했을 시어머니 자의대비는 마침내 1년 상인 기년 상을 지내기로 확정됩니다. 이렇게 2차 예송에서 남인이 승리하자, 조정 내 권력이 남인 쪽에 실리기 시작했어요. 그런데 이때 현종이 갑자기 사망합니다.

현종은 재위 15년 동안 예송논쟁에 휘말리는 가운데서도 비교적 안정적인 정치를 펼쳤습니다. 대동법을 확대 시행해서 민생을 안정시키려 했어요. 토지측량 제도인 '양전'도 실시하고 누락된 땅을 찾아 탈세도 막았습니다. 또한 곤장 두께와 재질을 바꿔서 형벌의 가혹함을 줄이도록 했어요. 그리고 친족끼리 같은 관청에서 근무하지 못하도록 '상피제'를 실시합니다. 공정성을 강조한 상피제의 효과로 특정 가문이 인사를 독점하는 부정행위를 막을 수 있었습니다.

한편 17세기, 소빙기가 닥치면서 조선에는 전쟁보다 참혹한

대동법은 농지를 많이 가진 양반 지주에게 더 많은 세금을 부과하는 제도였기에 조세 저항이 심했다. 벼를 타작하는 모습을 그린 김홍도의 그림.

재앙이 펼쳐졌습니다. 1670년부터 1671년에 걸친 경신 대기근입니다. 무려 100만 명 넘는 인명 피해가 발생한 대참사였어요. 지구의 평균 기온이 내려가면서 농경 국가 조선은 치명타를 입었습니다. 홍수와 가뭄이 반복되다가 주먹만 한 우박이 쏟아지기도 했어요. 곡식은 성장을 멈추고 싹은 얼어붙었으며 열매가 열리지 않았습니다.

흉작으로 식량이 바닥나자 백성들의 면역력은 뚝 떨어졌고, 전국적으로 전염병이 창궐했습니다. 가뜩이나 위생에 취약한 시대였던 만큼 역병에 걸리지 않은 사람을 찾기 힘들 지경이었지요. 굶어 죽은 시체가 거리에 쌓이고 울부짖는 소리만 가득했던, 지옥 그 자체였습니다. 현종은 굶어 죽는 백성들을 보며 가슴이 아팠고 진휼청을 통해 구제하고자 했습니다. 하지만 전국적인 흉년과 기근을 감당하기엔 한계가 있었지요.

> 도내 각 고을에서 모두 죽을 쑤어 구휼하고 있습니다만 얼굴이 누렇게 뜬 무리는 죽을 먹여도 구제되지 않아 진휼하는 곳에서 잇따라 죽고 있습니다. 굶주린 백성이 모여서 추위와 굶주림에 울부짖고 있는데 그 소리가 몇 리까지 들리니, 비참한 꼴을 말하자니 목이 메입니다.
>
> - 《현종실록》 19권, 현종 12년 2월 17일

아비규환 속에서 식인 행위까지 벌어졌습니다. 어머니가 5세 딸과 3세 아들을 죽여 삶아 먹는 비인륜적 사태까지 보고되었지요. 전쟁과 대기근으로 걱정이 많던 현종은 가엾은 백성들을 불쌍히 여기며 자책하는 모습을 여러 차례 보였습니다. 그 무거운 책임과 정신적 스트레스는 건강까지 악화시켰지요. 평생 약을 달고 살던 현종은 결국 1674년, 34세 젊은 나이로 세상을 떠납니다.

조정의 판을 뒤집는
환국 정치의 시작

1674년, 막강한 정통성을 타고난 숙종이 19대 임금으로 즉위합니다. 숙종은 현종의 외아들로서 후계 경쟁도 없이 왕위에 올랐어요. 현종 또한 효종의 외아들이었지요. 적장자로서 당당히 즉위한 숙종은 조선 역대 임금 중 가장 강력한 왕권을 행사하며 왕실의 권위를 높였습니다. 숙종이 즉위한 나이는 14세였지만 수렴청정도 하지 않고 바로 직접 정사를 돌보기 시작했어요.

어릴 때부터 눈치 볼 사람도 없었던 숙종은 성격이 불같았습니다. 숙종을 낳은 명성왕후 김씨가 "내 배로 낳았으나 그 성질을 감당할 수 없다."라고 말할 정도였지요. 이런 숙종이 즉위하자마자 마주한 것은 현종이 내내 시달린 붕당 간의 대결이었습니다. 숙종은 남인의 손을 들어주며 송시열과 서인 세력을 유배 보냈습니다. 막 즉위한 14세 왕은 이렇듯 정치계에서 잔뼈가 굵은 신하들을 당당히 상대했습니다. 이로써 대세였던 서인은 약해지고 남인 세력이 정국을 주도하기 시작합니다.

남인 세력은 윤휴를 중심으로 모인 '청남'과 허적을 중심으로

한 '탁남'으로 갈라져 있었어요. 청남은 서인을 강력하게 처벌해야 한다고 외친 반면 탁남은 온건한 편이었죠. 강경파 청남 쪽에서 주로 새로운 개혁을 주장했는데, 특히 청남의 윤휴는 국방력 강화를 위한 도체찰사부 설치, 전차와 화차 개발 등 북벌을 위한 개혁을 실현하고자 노력합니다. 그러나 양반에게도 군포를 걷자는 호포제 개혁은 기득권을 놓을 수 없었던 양반층의 거센 반대로 좌절되었어요.

한편 숙종 치세의 특징은 환국 정치였습니다. 국면 전환을 뜻하는 '환국'을 통해 왕은 정치 세력을 획획 뒤집었어요. 1680년 경신환국 때는 남인이 역모를 꾀했다고 고발당하면서 결국 남인이 대거 축출되었습니다. 이때 역모로 엮인 왕족은 물론 허적, 허목, 윤휴 등 남인 세력이 대대적으로 처형되거나 유배를 가면서 조정은 살얼음판이 되었지요. 기존에 각기 다른 정파가 서로 견제하던 균형이 무너지고, 환국을 통해 하나의 정파가 정국을 주도하는 경향이 두드러집니다.

이렇게 서인이 집권하게 되었으나 1689년, 또다시 판이 뒤집혔어요. 이번에는 기사환국이 벌어지면서 조정을 다시 남인이 장악하게 됩니다. 기사환국 때 등장하는 인물이 바로 숙종이 사랑한 여인, 장옥정입니다. 숙종 14년에 후궁 장옥정은 왕자 윤을 낳았어요. 나이 28세에 숙종은 처음으로 뒤를 이을 왕자를 품을 수 있었지요. 숙종은 너무나도 기뻐하며 장씨를 정1품 빈으로 봉했고, 왕자 윤을 원자로 정했습니다. 빈은 왕비 아래 후궁이 오를 수 있는 가장 높은 자리였어요. 그리고 원자는 왕비에게서 낳은 왕의 맏아들에게 붙이는 특별한 칭호였지요.

원자는 장차 왕세자가 되고, 결국 별일 없으면 왕위에 오릅니다. 하지만 숙종에게는 정비 인현왕후가 있었어요. 인현왕후는 아직 젊었고, 앞으로 충분히 왕비 소생의 아들을 얻을 수 있는 상황이었지요. 그래서 서인들은 후궁이 낳은 아들을 원자로 삼는 것을 극구 반대했습니다. 하지만 숙종의 뜻을 꺾지 못하고 서인 세력은 줄줄이 사약을 받았어요.

특히 이때 조선에 큰 영향력을 미친 서인의 거두 송시열까지 사사된 것은 큰 충격을 불렀습니다. 또한 서인의 뼈대 있는 가문 출신 인현왕후가 폐위됩니다. 결국 장희빈이 중전의 자리에 올라서고 원자 윤은 마침내 왕세자로 책봉되었어요. 그야말로 드라마 같은 반전의 서사가 아닐 수 없지요.

1689년의 기사환국으로 다시 집권한 남인들은 마냥 맘 편히 지낼 수 없었어요. 언제 또 정권이 뒤집힐지 모를 일이었죠. 이제 그들에겐 허적이나 윤휴 같은 든든한 지도자도 없었습니다. 남인 세력은 냉혹한 젊은 군주에게 순종할 뿐이었어요. 그러다가 1693년, 남인들 사이에 다시 긴장감이 돌았습니다. 숙종에게 새로운 여인이 등장한 것이었지요. 명확한 기록은 없지만 야사에서는 천한 무수리 신분이었다고 전하고 있어요. 중전 장씨까지 바짝 긴장시킨 그녀는 바로 숙원 최씨였습니다. 숙종의 총애를 받은 숙원 최씨는 폐비 민씨의 궁인이었다고 해요. 끝까지 폐비에게 의리를 지키려는 모습을 보였다고 알려져 있습니다.

곧이어 서인 세력은 폐비 민씨의 복위 운동을 벌였고 남인은 좋지 않은 분위기를 감지했어요. 여기에 더해 남인 측에 불리한 고발이 계속 이어집니다. 중전 장씨의 오빠 장희재가 숙원 최씨를 독살하려고 했고, 남인들이 역모에 연관됐다는 내용이었어요. 결국 또다시 환국이 이뤄지니 1694년의 갑술환국이었습니다.

갑술환국으로 남인들은 다시 축출되었고 서인이 돌아왔습니다. 그리고 숙종은 폐비 민씨를 복위하라는 명을 내렸어요. 조선의 국모가 둘일 수는 없으니, 장씨는 다시 빈으로 강등되었습니다. 믿을 배경이 없던 숙원 최씨는 남인 편인 장희빈보다 서인 편인 인현왕후 측을 택했어요. 갑술환국이 일어난 해에 숙원 최씨가 왕자를 출산하는데, 이 왕자가 훗날의 21대 임금 영조입니다.

드라마 같은 인생을 산 장희빈의 최후

갑술환국 이후 정국은 다시 서인이 주두했고, 장희빈은 국모의 자리에서 내려와 속 쓰린 나날을 보내야 했어요. 급기야 은밀히 신당을 꾸려서 굿까지 벌였어요. 그러다가 1701년, 인현왕후가 34세 나이에 병으로 사망합니다. 최씨는 자기를 미워하던 장희빈이 다시 중전으로 오르는 것만은 기필코 막아야 했어요. 그래서 숙종의 귀에 대고 파격적인 고발을 속삭였어요. 장씨가 취선당에서 인현왕후를 저주하며 신굿을 했다는 이야기였습니다.

결국 장희빈 앞에는 숙종이 내린 사약이 놓이게 되었어요. 한때 그토록 숙종의 총애를 받은 장씨의 결말은 비극이었습니다. 당시 서인 세력은 노론과 소론으로 나뉘어 있었어요. 소론은 세자의 앞날을 생각해서 세자의 어머니 장희빈을 용서해달라고 청했어요. 하지만 이것은 명줄을 앞당기는 행동일 뿐이었어요. 소론 대신들은 줄줄이 쫓겨나고 장희빈 오빠 장희재의 세력도 참형당합니다. 이 사건은 '무고의 옥'이라고 부릅니다. 무속신앙으로 남을 저주하는 것을 무고라고 하는데, 장희빈이 인현왕후를 저주해 불거진 사건이라는 의미지요. 무고의 옥 사건으로 노론이 집권 세력이 되었어요.

1681년에는 노론 송시열과 소론 윤증이 성리학 논쟁을 벌인 '회니시비懷尼是非'가 있었는데, 이때 숙종이 결국 노론 편을 들어주면서 노론이 정국을 완전히 장악하게 됩니다. 이 정치적 처분이 바로 병신처분입니다. 이렇게 수많은 정쟁과 환국으로 조용할 날이 없었지만, 숙종은 다양한 업적을 남겼어요.

임진왜란 이후 엉망이었던 체계 복구 작업을 이 시기에 거의 마무리했습니다. 특히 광해군 대부터 이어진 대동법이 숙종 대에 이르러 마침내 전국으로 확대되었어요. 강원도와 충청도, 전라도, 경상도를 거쳐 전국적으로 시행되기까지 무려 100년의 세월이 걸렸지요.

또한 이전까지 우여곡절이 많았던 화폐 보급이 전국적으로 이뤄졌습니다. 숙종 4년에 처음 상평통보를 만들어 보급한 이후 숙종 말년에는 산골 마을 백성들까지 화폐 거래의 편의를 누릴 수 있었어요. 어느덧 물물교환의 시대를 지나, 상업과 화폐 경제가 꾸준히 발전했습니다.

한편으로 숙종은 이때까지 공정왕이라고 불리던 조선 2대 임금에게 정종이라는 묘호를 올렸어요. 성삼문을 비롯한 사육신의 관작을 회복해주고, 약 200년 전에 강등된 노산군을 복위하여 단종이라는 묘호를 올렸지요. 숙종은 피바람 부는 환국 정치로 강력한 왕권을 누리고, 전쟁 이후 지속된 혼란을 잘 수습한 왕이었습니다.

더욱 격렬해진
소론과 노론의 갈등

1720년, 숙종의 뒤를 이은 이는 장옥정이 낳은 세자 윤이었습니다. 매서운 정쟁의 틈바구니에서 간신히 즉위한 경종은 조선의 20대 임금입니다.

어머니 장씨가 아버지 숙종이 내린 사약을 먹고 자결했을 때, 경종의 나이는 14세였어요. 어릴 적부터 큰 충격을 겪은 경종은 성인이 되어서도 마음이 편치 못했습니다. 손바닥 뒤집듯 세상을 맘대로 휘두르던 아버지 앞에서 그는 소심한 아들이었어요. 나중엔 어머니의 지지 세력이었던 남인까지 무너지고 맙니다. 세자 시절 유독 허약했던 경종은 29세까지 후사도 보지 못했습니다.

결국 소론의 지지를 받으며 왕위에 올랐지만, 정권을 꽉 잡은 세력은 노론이었습니다. 연잉군(영조)을 지지하던 노론의 등쌀에 결국 연잉군이 세제로 책봉되었어요. 그런데 얼마 못 가 노론이 세제에게 대리청정을 맡기자고 합니다. 이에 경종은 바로 수락 했어요. 자신에게 이상한 병이 있다며 세제에게 대리청정을 맡기자고 한 것입니다. 그러자 화들짝 놀란 소론이 달려와 눈물을 흘리며 명을 거둬달라고 청했어요. 그 뒤로 대리청정에 관한 결정은 수차례 번복되었습니다. 그러는 동안 노론과 소론의 싸움은 더 격렬해졌지요.

결국 대리청정의 명을 거둔 뒤 한동안 조정이 잠잠한가 싶었지만, 경종의 마음속에서 노론에 대한 불신이 짙어졌습니다. 결국 1721년(신축년)과 1722년(임인년)에 일이 터지고 말았어요. 소론의 강경파였던 김일경이 올린 상소를 보고 경종이 결단을 내린 것입니다. 상소에는 세제의 대리청정을 언급한 노론 대신들이 왕에게 불충의 죄를 지었다는 비판이 담겨 있었어요. 이 일을 기점으로 소론의 대반격이 시작됐습니다.

1722년에는 목호룡이 또 다른 고변을 올렸어요. 경종의 세자 시절에 노론 측에서 경종을 제거하려고 했다는 것입니다. 그러자 소심한 줄 알았던 경종에게서 아버지 숙종의 다혈질 성격이 발현되었어요. 경종은 노론의 4대신을 사사하고 관련자들을 줄줄이 처단하며 순식간에 환국을 해치웁니다. 1721년부터 1722년에 걸쳐 발생한 신임사화였습니다.

시름시름 앓던 경종은 밥도 제대로 넘기지 못했습니다. 그러다 모처럼 게장과 생감을 맛있게 먹더니, 밤에 가슴과 복부 통증을 호소했어요. 게와 감은 찬 음식이라서, 체질과 상황에 따라 복통이나 식중독을 유발할 수도 있다고 알려졌습니다. 그래서 경종에 대한 독살설이 돌기도 했지요.

세간에 퍼진 독살설 때문에 이복동생 영조는 즉위 후에도 계속 억울함을 토로하며 스트레스를 받습니다. 급체를 하고 얼마 못 가 경종은 4년이라는 짧은 재위를 마칩니다.

최장기 집권을 한 영조와
죄인의 아들

1724년 경종이 승하하면서 왕세제 연잉군이 즉위하니, 21대 임금 영조입니다. 강력한 정통성을 가진 숙종이 눈을 감은 이후에는 계속해서 후궁이 낳은 왕자가 즉위해요. 경종의 어머니는 장희빈, 영조의 어머니는 최숙원이었지요. 조선 후기로 갈수록 적장자가 더 귀해집니다.

영조는 조선의 최장수 왕이자 최장기 집권 기록을 세운 왕이에요. 60세 넘기기도 힘들던 시절에 영조는 무려 83세까지 살았습니다. 재위 기간도 52년이었어요. 조선의 왕들은 대부분 현대인과 생활 습관이 비슷해서, 종일 앉아 공부하고 정치하느라 운

조선의 역대 국왕 중 가장 장수한 영조의 어진.

동량이 부족했습니다. 그 와중에 산해진미가 푸짐하게 차려진 수라를 매일 5끼나 챙겨 먹었으니 영양 과잉 상태였지요. 게다가 바람 잘 날 없는 궁중 생활은 극심한 업무 스트레스까지 안겨주었지요. 그러나 영조는 건강을 철저히 지키려고 노력했어요. 적절히 운동하고 하루에 3끼만 소식하면서 야식도 멀리했지요. 무엇보다도 아버지 숙종의 피가 흘러서인지 화를 꾹꾹 참는 성격도 아니었습니다.

영조가 이렇게 자기 관리에 철저했던 것은 정통성 콤플렉스에서 비롯됐다고 볼 수 있어요. 미천한 무수리 출신 어머니의 그림자를 벗어나 임금다운 임금으로 인정받고 싶었던 거지요. 꼿꼿한 사대부와 백성을 모두 아우르는 임금이 되기 위해 영조는 빈틈을 보이지 않으려 공부에도 소홀하지 않았어요. 영조가 갖춘 높은 학문적 소양은 아들에 대한 기대감으로 이어졌습니다.

뒤주에 갇힌
사도세자의 비극

영조에게는 효장세자와 장헌세자, 두 아들이 있었습니다. 첫째 효장세자는 10세 어린 나이로 먼저 세상을 떠났어요. 자식을 먼저 떠나보낸 슬픔은 한참 뒤, 42세에야 차츰 아물기 시작했습니다. 둘째 왕자 장헌세자가 태어난 것입니다. 장헌세자가 그 유명한 사도세자인데요, 영조는 늦둥이 세자의 총명함에 기뻐하며 금이야 옥이야 사랑을 주었습니다.

하지만 왕세자 수업이 본격적으로 시작되면서 부자 관계가 얼어붙었어요. 1749년부터 세자가 대리청정을 했는데, 나날이 혹독해지는 영조의 질책에 세자는 점점 기가 죽었습니다. 아버지가 두려워 잠도 못 잘 정도였지요. 오죽하면 신하들이 영조에게 세자 저하를 너무 엄격하게 대한다고 수차례나 언급할 정도였습니다.

> 도승지 남태회南泰會가 울면서 말하기를, "전하께서 동궁에게 항상 엄격한 위엄을 가지고 주로 대하셨기 때문에 저하가 지나치게 스스로 두려워하고 조심합니다. (중략) 동궁의 예후가 미령한 가운데 이와 같이 초조하고 심려한다면, 어찌 민망하고 절박하지 아니하겠습니까?"
>
> - 《영조실록》 92권, 영조 34년 7월 8일

영조는 하나뿐인 아들이 훌륭한 차기 군주로 성장하길 바랐지만, 어릴 때부터 세자는 공부보다 무예가 적성에 맞았어요. 영조는 자기 뜻과 다르게 성장하는 아들이 못마땅하고 실망스러웠습니다. 결국 세자는 울화병과 우울증, 강박증에 시달리며 점점 정신적으로 불안정해졌습니다. 그래서 영조는 세손에게 더 애정을 쏟았어요. 왕세손은 세자와 세자빈 홍씨가 낳은 아들로, 훗날의 정조입니다.

그러다 영조 38년, 나경언의 고변이 일어납니다. 나경언은 세자의 비행 10여 가지를 낱낱이 적어 고했어요. 세자가 궁녀를 때려 살해한 일, 여승을 궁으로 끌어들인 일, 영조 몰래 관서 지방에 놀러 간 일 등이 적혀 있었지요. 그뿐 아니라 세자가 반역을 꾀하고 있다는 내용까지 적혔습니다. 이 사건은 결국 나경언이 세자를 모함한 죄로 처형당하면서 마무리되었어요.

하지만 얼마 뒤, 전대미문의 비극이 시작되었습니다. 영조가 세자에게 자결을 명한 것입니다. 결국 뜨거운 여름날, 좁디좁은 뒤주에 갇힌 세자는 8일간 굶다가 끝내 숨이 끊어졌습니다. 영조는 이 일을 후회하며 아들의 죽음을 애도했지요. 영조가 내려준 세자의 시호는 생각할 '사'에 슬퍼할 '도', '사도思悼'였습니다.

무너진 붕당정치와
탕평책의 시작

한편 영조와 정조가 이끈 18세기의 특징은 바로 탕평 정치였습니다. 숙종의 환국 정치 이래로 조정의 당파 싸움은 더욱 극심해졌어요. 이제 공존이고 뭐고 살아남기 위해서는 상대편이 죽거나 우리 편이 죽거나 둘 중 하나라는 인식이 강해졌습니다. 상호 견제하고 권력의 균형을 맞추는 붕당의 원리는 와르르 무너져버렸고, 이제 내가 속한 당파의 이익만 중요해졌습니다. 당파

끼리 사이가 얼마나 나빴는지 당파가 다른 집안끼리 혼인도 안 시킬 정도였어요.

시간이 흐르면서 각 당파의 자손들이 당론을 이어받아 당파의 색깔이 너무 짙어지고 굳어 있었습니다. 이런 상황을 몸소 겪은 영조는 즉위하자마자 탕평책을 밀어붙였습니다. 사실 탕평책 이야기는 숙종 때 처음 나왔어요. 노론과 소론 싸움이 점점 거세지니까 해결책으로 탕평책을 제기한 것입니다. 하지만 숙종 때는 탕평책을 제대로 추진하지 못했지요.

영조의 즉위 초에도 탕평 정치가 곧바로 실시되진 않았습니다. 노론과 소론 세력이 엎치락뒤치락 뒤집히며 환국이 이어졌어요. 그러다가 1728년에 이인좌의 난이 일어납니다. 이 반란은 소론 강경파와 일부 남인이 일으킨 반란이었어요. 게와 감을 먹고 일어난 경종의 죽음에 영조와 노론이 연루되었다고 주장하면서 들고 일어난 것입니다. 영조가 경종을 독살했다는 대자보까지 여기저기 나붙으면서 소문이 나날이 흉흉해졌어요. 영조는 경종을 독살하지 않았다며 분통을 터뜨렸는데, 이 독살설이 수십 년간 영조를 계속 괴롭힙니다.

이인좌의 난이 진압된 이후 영조는 더 굳게 결심했습니다. 탕평책을 펼쳐서 왕권을 강화하고 조정을 안정시키겠다고 말이지요. 영조의 탕평책은 노론과 소론의 타협적인 온건파를 등용하는 '완론탕평'이었습니다. 노론, 소론 가리지 않고 등용하여 탕평파를 만든 것인데, 당파 색깔은 여전히 짙었지만, 탕평파가 주도하자 왕권이 강화되고 정국이 많이 안정되었습니다.

이로써 조선에는 전반적인 변화의 물결이 일기 시작했어요. 영조는 지나치게 가혹한 형벌을 완화했습니다. 예컨대 무릎에 맷돌을 올려 뼈를 으스러뜨리는 압슬형을 폐지했고, 사형수는 초심, 재심, 삼심을 반드시 거쳐 처형을 신중히 진행하도록 합니다. '경을 칠 놈'이라는 비속어의 유래가 된 '경자'라는 형벌도 금지했어요. 경자는 이마에 칼로 문신을 새겨 평생 전과자 낙인을 찍는 형벌이었지요. 또한 당파 간 정치 싸움을 뿌리 뽑기 위해 서원을 정리했고, 병역을 대신하던 세금인 군포를 2필에서 1필로 줄여주는 균역법도 시행했습니다. 새롭게 시행한 개혁을 정리하기 위해 법전 《속대전》을 편찬했어요.

왕세제 시절부터 끊임없는 당쟁에 시달린 영조는 스스로 운명을 극복하고자 부단히 애썼습니다. 탕평책으로 정국을 이끌며 강력한 왕권으로 붕당 대립을 억눌렀습니다. 민생 안정을 위한 정책을 잘 실행한 왕이었지만 한편으로는 하나뿐인 아들을 뒤주에 가둬 죽인 비극사의 주연이기도 했지요.

파벌 다툼 속에서
추진한 혁신

아버지 사도세자가 비참한 최후를 맞은 뒤, 이산은 효장세자의 양아들이 되었습니다. 효장세자는 영조의 요절한 맏아들이었어요. 왕실의 적통을 이어받았음에도 이산의 자리는 늘 편치 않았습니다. 궁중의 암투 속에서 끝없는 암살 위협에 시달려야 했지요. 할아버지 영조는 손자의 교육에도 열성적이어서 이산은 군주로서의 자질을 늘 시험받아야 했습니다.

그리고 1776년, 마침내 이산은 왕위에 올랐습니다. 11세 어린 나이에 겪은 아버지의 죽음이란 시간이 흘러도 피가 끓고 애통한 일이었습니다. 그동안 속내를 보이지 않던 정조는 즉위하자마자 아버지 사도세자에게 제사를 올릴 사당 '경모궁'을 조성하고 아버지의 존호를 '장헌'으로 높였습니다. 정조는 영조와 마찬가지로 탕평책을 펼쳐나갔어요. 그런데 영조의 '완론탕평'과는 색깔이 달랐지요. 정조는 영조보다 강력하고 적극적인 탕평책을 펼쳐 '준론탕평'이라 했습니다. 각 붕당의 옳고 그름을 명명백백히 밝혀 영조 때 세력을 떨치던 척신을 제거하고, 당파와 무관하게 인재를 등용합니다.

사도세자와 관련한 의견 대립으로 파벌이 나뉘었는데, 사도세자를 안타깝게 여기며 정조의 정책에 찬성한 이들을 '시파'라고 부릅니다. 반면 정조의 정책에 반대한 이들은 '벽파'였어요. 시파에 포함된 세력은 소론, 남인, 일부 노론입니다. 벽파 세력에는 노론 대부분이 참여했어요. 민감한 사안으로 엮였음에도 정조는 벽파건 시파건 가리지 않고 인재를 등용하겠다고 말했습니다.

정조는 자신이 구상한 혁신 정치를 실현하기 위해 왕립 도서

창덕궁 후원 부용지 주변에 세워진 규장각의 전경.

관인 규장각을 세웠어요. 이곳에 당파 관계없이 인재를 모아서 새로운 정치를 펼치려 한 것입니다. 정조는 규장각 관리를 각신이라고 칭하며 다양한 권한을 주고 특별 대우를 해주었어요. 왕에게 선발된 각 당파의 각신들은 규장각이라는 한 공간에서 탕평의 뜻을 함께했습니다. 이들은 사실상 왕의 친위 세력이었어요. 또한 규장각과 연계해서 초계문신제도를 실시합니다. 37세 미만의 청년 학자들을 규장각에서 재교육하여 등용하는 제도로 이들 또한 정조의 친위 세력이 되었지요.

여기에 더해 규장각의 검서관에는 서얼 출신 인재들이 뽑혔습니다. 주로 서적을 보관하고 필사하는 업무를 맡았는데, 양반의 피를 온전히 물려받지 못한 죄로 빛을 못 보던 인재들이 관직에서 맘껏 능력을 발휘할 수 있었습니다. 서얼 출신 수재로 이름을 날린 검서관으로는 박제가, 유득공, 이덕무 등이 있습니다. 규장각의 기능은 점차 확대돼서 혁신 정치를 위한 핵심 기구로 덩치를 키워갑니다. 또한 정조는 국왕 친위대 장용영을 만들었는데, 이는 정조의 왕권을 상징하는 기구로 거듭났습니다.

정조 대인 18세기, 머나먼 서유럽의 섬나라 영국에선 세상을 뒤바꿀 산업혁명이 시작되었습니다. 미국은 독립을 선언하며 식민지 역사를 종결했고, 청나라에는 서양 선교사가 전해준 새로운 기술과 학문이 이식되었습니다. 이러한 변화 속에서 조선에도 점점 신식 기술과 천주교 같은 새로운 사상이 흘러들어옵니다.

재야에서는 유학자들이 새로운 세계에 눈을 뜨고 조선의 개혁을 논합니다. 정약용을 비롯한 학자들은 정조의 수원 화성 축조에 참여했는데, 특히 거중기 등 다양한 기구가 사용되었습니다. 수원 화성은 정조가 아버지 사도세자의 묘를 명당으로 옮기면서 축조한 성입니다. 무엇보다 이곳은 조선 개혁의 출발점이 되길 바라며 설계한 정조의 계획도시였습니다.

1800년, 정조가 갑자기 승하했습니다. 사망 전에 정조는 세자를 챙겨줄 든든한 후견인으로 김조순을 선택했습니다. 김조순의 딸은 정조의 며느리가 되었지요. 김조순은 노론의 대표적인 명문가 안동 김씨였으며, 영조의 즉위에 크게 공헌한 영의정 김창집의 후손이었어요. 결정적으로 정조와 정치적 입장을 함께하는 시파 계열이었지요. 김창집이 할아버지 영조를 보필한 것처럼, 정조는 김조순의 가문이 왕실과 세자를 안전히 보필할 거라고 기대했습니다.

그러나 정조의 사후, 세상은 정조의 기대와 무관하게 흘러갔습니다. 특정 가문이 권력을 쥐고 흔드는 세도정치는 조선 후기의 사회적 모순이 누적된 결과였어요. 영조에게 이어받은 정조의 탕평책은 결국 당쟁을 근본적으로 해결하기엔 한계가 있었습니다. 정조가 열심히 키워놓은 왕권은 정조 사후, 왕의 측근 손아귀로 들어가고 맙니다.

정조가 수원 화성에 행차한 모습을 그린 그림.

안동 김씨 가문의
세도정치의 시작

 1800년, 정조가 갑자기 승하하면서 11세 어린 순조가 즉위합니다. 정조의 죽음과 함께 탕평 또한 끝을 맞았습니다. 어린 임금 대신 수렴청정을 시작한 왕실 최고의 어른 정순왕후는 벽파의 후원자였어요. 그래서 순조 즉위 초에는 약 6년간 벽파 정권이 이어졌지요.

 정순왕후는 영조 66세에 15세 나이로 왕비가 된 인물이었어요. 사도세자의 어린 계모였지요. 정조 대에는 크게 존재감이 없었지만, 순조 즉위 후에는 여주(여자 군주)를 자처하며 왕권을 주도하기 시작합니다.

정순왕후는 모든 것을 정조 이전으로 되돌려놓았어요. 권력이 지나치게 커진 규장각은 축소했고, 시파의 거두 김조순이 쥐고 있던 장용영을 2년 만에 폐지합니다. 사도세자의 신원 회복을 없던 일로 만들고, 시파 세력에 타격을 입히며 정조의 권력 기반을 제거해갔습니다.

특히 정순왕후는 천주교 탄압에 적극적이었어요. 서양 사상 중 하나인 천주교가 조선 후기에 청나라에서 유입되기 시작했습니다. 천주교는 모든 인간이 평등하다는 정신을 가졌고 조상께 올리는 제사를 거부했기에, 임금을 정점으로 하는 신분제 질서와 제사를 중시하던 조선의 유교적 정서에 맞지 않았어요. 결국 1801년, 정순왕후를 둘러싼 벽파 정권에 의해 최초의 대규모 천주교 박해가 발생합니다. 이것이 신유박해입니다. 천주교 신자 중에는 시파와 남인이 많았어요.

벽파 정권은 6년 만에 무너졌습니다. 순조의 왕비 간택에서 벽파 세력은 시파를 견제했어요. 하지만 정조가 생전에 이미 시파 세력인 김조순의 딸을 순조와 정혼시킨 터였습니다. 정순왕후는 이를 막지 않고 예정대로 김조순의 딸을 왕비로 책봉하도록 했어요. 아무리 권력이 중요해도, 선왕 정조가 이미 결정한 것을 감히 뒤엎을 수 없다고 여긴 것입니다. 왕권에 도전할 수 없다는 생각이었지만, 이것이 벽파 정권이 무너지는 계기가 될 줄은 몰랐습니다.

시파의 중심
안동 김씨의 반격

1803년, 벽파 수장인 정순왕후가 자리에서 물러납니다. 자연스레 벽파 세력은 약해지고, 시파의 반격이 시작됐어요. 시파 김조순 중심의 안동 김씨 가문이 요직을 차지하며 국정을 주도해 나갑니다. 안동 김씨는 순조부터 헌종, 철종에 이르는 3대에 걸쳐 왕비를 배출하면서 강력한 권력을 휘둘렀어요. 약 60년간 이어지는 세도정치 시대가 시작된 것입니다. 세도정치기에 허수아비가 된 왕은 제대로 국정을 운영하지 못했고, 정치가 부패하여 조선이 빠르게 몰락했어요.

순조 대를 대표하는 세도가는 김조순의 안동 김씨와 조만영의 풍양 조씨였어요. 특히 안동 김씨 세력은 김상헌의 직계 자손들이었어요. 김상헌은 병자호란 때 청나라 오랑캐를 배척하자고 외친 척화파의 대표적 인물이지요. 그는 청나라에 끌려가 6년 동안 감금되어 지내면서도 끝까지 청을 반대했어요. 선비로서 죽는 한이 있어도 충절을 지킨다는 유교 전통을 따른 김상헌은 조선 말까지 선비들에게 존경받았지요.

김상헌의 강력한 후광은 그의 직계 자손들의 권력 기반을 확고히 해주었습니다. 김상헌의 자손들도 명망 있는 학자로 이름을 날리면서 노론의 핵심 세력으로 활동해왔어요. 그러나 권력을 독점한 세도 가문이 인사권을 장악하면서 과거제도가 무너졌고, 세도가에 뇌물을 주고 관직을 사는 매관매직이 성행했습니다. 돈으로 관직을 산 지방관은 백성들에게 세금을 쥐어짜며 본전을 뽑으려고 했습니다.

한편으로 부농이 된 평민과 일부 노비가 몰락한 양반에게서 족보를 사 신분을 높일 기회가 확대됐습니다. 양란이 발생하기 전만 해도 조선의 양반은 인구의 약 7퍼센트에 불과했어요. 하지만 조선 후기에 들어 양반 수가 폭발적으로 늘어 무려 70~80퍼센트 인구가 양반 신분이 됩니다. 너도나도 양반이 되는 와중에 양반이 되지 못한 농민들의 부담은 감당하기 힘들 지경에 이르렀어요.

마침내 도탄에 빠진 백성들이 행동에 나섰습니다. 전국 각지에서 큰 민란이 일어나다가 1811년에는 홍경래의 난이 발발했어요. 지역 차별이 심한 평안도의 양반 출신 홍경래가 주도한 대규모 반란이었지요. 이 반란에는 농민과 부농, 몰락 양반에 이르기까지 다양한 계층이 참여했습니다. 비록 관군에게 잡혀 실패로 끝났지만, 홍경래의 난은 수백 년간 굳어진 조선의 전통적 체제에 금이 가기 시작했음을 보여주는 사건이었습니다.

한편 안동 김씨의 세도정치가 지긋지긋했던 순조는 1827년부터 세자에게 대리청정을 맡겼어요. 3년 3개월간 대리청정한 순조의 든든한 맏아들 효명세자는 숙종 이래 오랜만에 나온 정비 소생이었습니다. 효명세자는 총명하고 강단 있게 세력 재편에 나섰어요. 대리청정하는 동안 외가 안동 김씨와 처가 풍양 조씨 중 어느 쪽에도 권력을 몰아주지 않았습니다.

세도정치의 핵심이던 비변사에는 자신의 측근 세력을 앉혔어요. 또한 개화파의 선구자인 박규수를 통해 추락하는 조선을 일으켜보고자 했어요. 이렇게 정국을 안정시키며 똑 부러지게 일하는 효명세자를 보며 신하들은 오랜만에 바짝 긴장했지요. 하지만 하늘은 효명세자를 너무 빨리 데려갔습니다. 대리청정을 시작한 지 불과 3년 만에 22세 젊은 나이로 요절한 것입니다. 비통해하던 순조는 허망하게 떠나버린 효명세자를 위해 직접 제문을 썼습니다.

아! 하늘에서 너를 빼앗아 감이 어찌 그렇게도 빠른가? 장차 우리나라를 두드려서 망하게 하려고 그러는 것인가, 아니면 내가 착하지 못하고 어질지 못하며 부덕하여 신명에게 죄를 얻어 혹독한 처벌이 먼저 세자에게 미쳐서 그런 것인가? 말을 하려고 하면 기운이 먼저 맺히고 생각을 하려고 하면 마음이 먼저 막히며 곡을 하려고 하면 소리가 나기도 전에 목이 먼저 메인다.

효명세자를 잃은 아픔이 가시기도 전에 연달아 공주들까지 죽으면서 순조의 마음엔 슬픔이 마를 날이 없었어요. 결국 병세가 악화되어 순조는 1834년, 45세 나이로 눈을 감았습니다.

순조의 뒤를 이은 헌종은 효명세자의 8세 아들이었어요. 어린 임금을 대신해서 대왕대비 순원왕후 김씨의 수렴청정이 시작됐죠. 순원왕후 김씨는 김조순의 딸이었습니다. 김조순의 사후 김조순의 아들과 조카들이 조정의 대세로 활동하고 있었어요. 안동 김씨 가문이 주도한 수렴청정 기간에도 신분제와 세금의 모순이 이어졌습니다. 게다가 전염병이 창궐하고 고향을 버린 유민들이 급증합니다.

혼란한 헌종 시기에도 천주교 박해가 이어졌어요. 조정에서는 5가구를 1개의 통으로 묶는 오가작통법을 이용해서 천주교 신자를 잡았습니다. 원래 이 정책은 행정적 편의나 치안을 위해 만들어졌지만 옆집을 감시하는 제도로 변질되었지요.

만약 5개의 집 중 하나에서라도 천주교인이 발각되거나 도망자가 발생하면 나머지 집에서 함께 처벌받아야 했어요. 이렇게 되자 처벌을 피하려면 이웃의 사생활을 몰래 감시해야 했지요. 분위기가 자연히 삭막해지고 천주교 박해는 점점 심해집니다.

천주교 박해의 정점은 1839년의 기해박해였어요. 기해박해 때는 조선에 들어온 프랑스 신부를 비롯해 여러 천주교인이 줄줄이 처형됩니다. 조선 조정은 공식적인 천주교 금지 교서를 내렸어요. 1848년에는 이양선이 자주 출몰해서 백성들이 불안해했는데, 바깥세상보다 조정의 권력 장악에 관심이 많았던 지배층은 별다른 대책을 세우지 않았습니다.

프랑스 가톨릭 주간지 〈르 펠르랭(순례자)〉 1925년 7월 5일 지면에 삽화로 실린 기해박해 상상화.

극에 달한 세도정치와
동학농민운동

헌종은 왕위를 물려줄 아들을 두지 못한 채 세상을 떠났습니다. 급박한 상황에서 안동 김씨 세력은 결국 강화도에서 농사짓던 이원범을 데려와서 왕위를 잇게 했는데, 그가 조선 25대 임금 철종입니다. 일명 강화도령으로 불리던 철종은 사도세자의 후손이었어요. 14세까지 한성에서 살다가 큰형이 역모에 연루되면서 집안이 풍비박산 나고 결국 강화도로 유배된 신세였지요. 몇 년 동안 일반 백성처럼 직접 나무를 베고 농사지으며 지냈는데, 난데없이 조정의 문무 관료들이 우르르 몰려와서 왕위에 오르라고 하니 얼떨떨할 수밖에 없었어요.

하루아침에 운명이 바뀌어버린 강화도령 이원범은 방계 혈통이었어요. 숙종부터 시작해서 후궁의 아들인 영조, 영조의 후궁의 아들 사도세자, 사도세자의 후궁의 아들 은언군을 지나, 그의 서자인 전계대원군의 서자였습니다. 헌종의 뒤를 이었지만, 따져보면 헌종의 삼촌뻘이었어요. 그러니까 철종은 조카의 뒤를 이은 셈입니다. 순원왕후는 그래도 철종이 영조의 유일한 혈맥이라며 그를 아들로 삼았어요. 이로써 철종은 순조의 아들로서 왕위를 계승합니다.

1851년에 철종은 안동 김씨 김문근의 딸을 왕비로 맞이했어요. 이로써 순조, 헌종, 철종의 왕비가 모두 안동 김씨 가문에서 배출됩니다. 안동 김씨의 세도정치가 가장 위세를 떨친 시기가 바로 철종 대였어요. 아무런 교육을 받지 못한 채 갑자기 왕이 된 철종을 대신하여 순원왕후가 3년간 수렴청정을 이어갔고, 안동 김씨 가문에서 정치를 주도했어요. 그렇기에 삼정의 문란은 더 심각해졌지요. 상품 경제가 발달하고 농업생산력이 높아지면서 부익부 빈익빈 현상이 나타나던 시기, 가난한 농민들은 더 이상 못 살겠다며 민란을 일으켰습니다. 1862년의 임술농민항쟁, 일명 진주민란을 시작으로 전국 곳곳에서 난이 일어났어요. 나라의 근본이라는 백성이 전국적으로 고통을 호소하니, 이것은

전국 동학 교당에 게시되어 있는 최제우 공식 영정.

조선왕조가 뿌리부터 흔들린다는 의미였습니다.

위기의 시대에 민간에서는 동학이 발생했습니다. 서학에 대응해 동학이라고 이름 지은 교주 최제우는 백성들에게 인간의 존엄성과 평등함을 설파했어요. 나날이 동학이 확대되자 조정에서는 세상을 어지럽힌다며 탄압을 시작합니다. 최제우는 1864년 대구에서 처형되었어요.

꼭두각시 철종은 깊은 무력감을 느끼다가 결국 술과 여색에 빠졌습니다. 급격히 쇠약해진 철종은 33세 나이로 눈을 감았어요. 철종은 여러 아들을 두었지만 하나같이 일찍 사망했어요. 왕실은 다시 종친 중에서 후계자를 물색해야 했습니다. 결국 왕위를 이어받은 이는 흥선군의 아들 이명복이었습니다.

저무는 대한제국과
망국의 군주들

　　1863년, 조선 26대 왕으로 고종이 즉위하고 흥선대원군이 집권하기 시작하면서 1910년에 한일병합조약에 따라 국권을 상실하기까지, 충격적인 사건들이 숨 가쁘게 이어졌어요. 고종이 즉위하면서 고종의 아버지 이하응은 대원군 칭호를 받았습니다. 대원군은 새 임금이 방계 종친으로서 왕위를 이을 때 왕의 아버지를 칭하는 말이었어요. 조선 왕실에서 대원군은 총 4명이었습니다. 선조의 아버지 덕흥대원군, 인조의 아버지 정원대원군, 철종의 아버지 전계대원군은 모두 사망 후에 추존되었지만, 유일하게 이하응은 살아생전에 대원군 칭호를 받았어요.

흥선대원군의
개혁 정치

12세에 즉위한 고종을 대신해서 수렴청정하던 대왕대비 신정왕후가 물러난 것은 1866년이었어요. 독점으로 권력을 장악한 흥선대원군은 약 60년간 이어진 세도정치의 폐단을 걷어내고 추락한 왕권을 세우는 것을 최우선 과제로 여겼습니다. 이에 따라 여러 가지 개혁 정책을 시행했어요. 흥선대원군은 세도정치의 온상이 된 비변사를 폐지하고 당파를 초월하여 인재를 골고루 등용합니다.

또한 왕실의 권위를 내세우기 위해 임진왜란 때 불타버린 경복궁을 중건했어요. 이를 위해 기존에 유통되던 상평통보보다 가치가 100배나 높은 당백전을 마구 발행했어요. 그러자 인플레이션이 발생해 쌀값이 한두 해 만에 6배 넘게 폭등했습니다.

또한 변질된 서원을 47개만 남기고 전부 철폐했습니다. 이를 통해 지방의 양반이 백성을 침탈하는 일이 줄어들고, 중앙정부의 통제력은 강해졌지요. 흥선대원군은 시원시원하게 개혁을 추진해나갔지만, 과거 회귀적인 방향성과 국제 정세에 부응하지 못한 한계점을 보였습니다. 특히 통상 수교 거부 정책은 조선의 근대화를 지연시켰다는 평가를 받습니다.

산업혁명 이후 부흥하던 서양이 더 넓은 소비시장을 찾아 동아시아의 문을 두드리고 있었지만 대원군은 문을 걸어 잠글 뿐이었어요. 그동안 서양의 학문이나 종교가 탄압 대상으로 여겨지면서 서양을 제대로 이해하지 못했기 때문입니다. 그 결과 1866년에는 프랑스와의 병인양요가 발발했고, 1871년에는 미국과의 신미양요가 발발했지요. 이후에 흥선대원군은 외국과의 교류가 곧 나라를 파는 일이라며 전국에 척화비를 세웠습니다.

어느새 성인이 된 고종은 직접 정치에 나서고 싶었어요. 고종과 왕비 민씨가 정치 파트너로 함께 나서자, 흥선대원군의 권력 독점이 흔들리기 시작했습니다. 흥선대원군이 민씨 집안의 딸을 왕비로 받아들인 것은 안동 김씨 세력을 견제하려는 의도였어요. 미약한 배경을 가진 명성왕후 민씨를 간택하면 외척이 정치에 개입할 가능성이 작다고 판단한 것입니다. 하지만 대원군의 예상은 빗나갔어요. 남편 고종의 편에 서서 정치에 관여하기 시작한 민씨는 툭하면 시아버지와 부딪쳤어요. 결국 흥선대원군이 하야하고 1873년부터 고종이 친정을 시작하면서 민비 세력은 권력의 핵심을 차지합니다.

1876년 일본과 맺은 조일수호조규(강화도조약)는 조선 최초의 근대적 조약이었어요. 하지만 정세에 어두운 상태에서 맺은 강화도조약에는 조선에 불리한 조항이 많았습니다. 고종은 개창 이후로 불어닥친 변화에 발맞추어 개화 정책을 추진하기 시작했어요. 1880년에는 개화 정책을 총괄할 새로운 기구, '통리기무아문'을 설립합니다.

또한 신식 군대인 별기군을 만들었어요. 그런데 차별 대우를

신미양요로 전멸당한 광성보의 조선군.

받던 구식 군인이 불만을 터뜨리면서 결국 임오군란이 발생했습니다. 구식 군인들이 받아야 할 봉급이 13개월이나 밀린 차에, 썩은 쌀에 겨와 모래를 섞어서 배급하니 분노가 폭발한 것입니다. 조정의 요청으로 출동한 청나라 군대가 임오군란을 진압하면서 청의 내정 간섭이 심해졌어요.

외세의 침탈 속
대한제국의 탄생

이에 개화파는 온건개화파와 급진개화파로 분열됩니다. 온건개화파는 친청 노선을 걸었어요. 청나라 간섭은 어쩔 수 없으니 청나라의 양무운동을 모델로 근대화를 추진하자고 합니다. 반면 급진개화파는 반청 노선을 걸으며 일본의 메이지유신을 모델로 삼았어요. 청나라의 양무운동은 옛 체제를 유지하면서 서양의 기술만 받아들이는 것이지만, 일본의 메이지유신은 옛 체제를 뿌리 뽑고 제도부터 근본적으로 갈아엎는 개혁이었습니다.

하지만 조정에서는 온건개화파가 대세를 이루었어요. 이에 급진개화파는 민씨 세력을 축출하고 정권을 장악해서 새로운 세상을 만들고자 합니다. 바로 1884년의 갑신정변입니다. 하지만 청나라가 개입해 정변에 실패하면서 이들의 꿈은 삼일천하로 종결되었어요. 오히려 청나라의 내정 간섭이 더욱 심해지는 결과를 낳았습니다.

1887년 경복궁에 최초의 전깃불이 환하게 켜지니 사람들은 도깨비불 같다며 신기해했습니다. 겉보기엔 근대화가 잘 진행되는 것처럼 보였지만 이는 껍데기만 흉내 낸 것이었어요. 갈아엎어야 할 체제는 유지되고 개혁을 위해 쓰여야 할 나랏돈은 중간에서 줄줄 새어 나가 재정이 악화되었습니다. 위에서 근본적인 해결책을 제시하지 못하자 결국 세상을 바꾸려는 의지가 아래로부터 발현되었습니다.

동학 농민군이 들고 일어나자 조정에서는 청나라에 파병을 요청했어요. 이번에도 습관적으로 외세의 손을 빌려 문제를 해결하려고 한 거지요. 그런데 청과 일본이 맺은 톈진조약에 따라 일본군까지 이때다 하고 조선에 들어옵니다. 톈진조약에는 조선에 일이 생겨서 한쪽이 파병할 경우 상대 쪽에도 알려주자는 조항이 포함되었기 때문입니다.

이제 일이 마무리됐으니 다들 철수해주면 좋겠는데, 웬일인지 꿈쩍을 하지 않습니다. 오히려 일본은 병력을 추가로 보내기까지 했어요. 애초에 속이 시꺼멓던 일본군은 경복궁을 강제 점령해서 민씨 세력을 내쫓고 김홍집 내각을 구성합니다. 이 내각에서 추진한 개혁이 바로 1차 갑오개혁입니다. 개혁 기구로 설치된 군국기무처에서 여러 가지 획기적인 개혁이 시행됐어요. 특히 신분제가 법적으로 폐지된 것이 이때였지요. 갑신정변과 동학농민운동 때 주장하던 신분제 폐지가 1차 갑오개혁으로 비로

소 이뤄진 것입니다.

일본의 야욕은 곧 청일전쟁으로 이어졌고 종이호랑이가 된 청나라는 너무 쉽게 무너졌습니다. 마침내 청일전쟁에서 승리한 일본은 청나라로부터 한반도에 대한 우위를 획득했고 청나라의 요동반도를 할양받기로 합니다. 하지만 먼저 요동반도를 탐내고 있던 러시아는 이를 두고 볼 수 없었어요. 러시아와 프랑스와 독일이 요동반도를 다시 청나라에 돌려주라고 요구하는 삼국간섭이 일어나자 결국 일본은 요동반도를 포기합니다.

이 삼국간섭으로 조선 조정에서는 러시아의 입김이 세다고 여겨 친러 노선을 걷기 시작했어요. 그러자 일본은 자객을 보내 민비를 시해한 뒤 시신을 불태웠습니다. 이어서 을미개혁이 시행되었어요. 이제 고종에게 궁궐은 더 이상 안전한 장소가 아니었어요. 결국 일본의 감시를 피해 러시아 공사관으로 옮겨 가는 '아관파천'을 합니다.

독립협회는 서울 서대문구에 독립을 알리는 독립문을 세우기로 했어요. 원래 그 자리에는 청나라 사신을 마중하던 영은문이 있었습니다. 영은문을 허물고 그 위에 독립문을 세운 것은 청나라에 대한 사대주의의 종식을 의미했습니다. 아관에 머물다가 경운궁으로 환궁한 고종은 1897년 10월 13일, 대한제국 건국을 선포합니다. 고종은 왕에서 황제로 격상되었고 시해된 왕후는 황후로 추존되었어요.

고종이 광무 개혁을 시행하면서 철도, 은행, 전화가 도입되는

대한제국을 선포하고
황제가 된 고종.

등 다양한 변화가 일어났어요. 하지만 1904년 러일전쟁에서 러시아까지 꺾어버린 일본은 더 노골적으로 조선의 주권을 침탈합니다. 1905년의 을사늑약으로 조선은 외교권을 박탈당했고 고종은 지푸라기라도 잡는 심정으로 헤이그에 특사를 파견합니다. 이에 총리대신 이완용은 황제에게 폐위를 요구했고, 결국 1907년 고종은 일본에 의해 강제 폐위됩니다.

조선왕조의 27대 왕이자 대한제국의 마지막 황제 순종이 1907년에 즉위합니다. 곧이어 일본인 차관이 내정을 장악하고 군대가 해산되었으며 언론의 자유까지 박탈되었습니다. 마침내 1910년 8월 29일, 총리대신 이완용의 서명으로 한일병합조약이 체결됩니다. 하지만 순종은 끝까지 서명하지 않았지요. 애초에 왕의 서명도 없고, 협박에 의해 강제 서명된 조약이라는 점에서 오늘날까지도 한일병합조약이 무효라는 주장이 강력히 제기되고 있습니다. 1910년 8월 29일은 조선의 주권을 일본에 통째로 넘겨준 국가 치욕의 날이라 해서 '경술국치'라고도 부릅니다. 이로써 1392년 태조 이성계가 세운 조선왕조가 멸망하고, 한반도는 일제강점기로 접어듭니다.

고려 왕 계보도

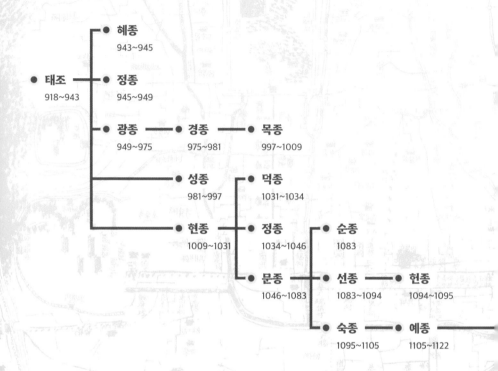

태조
918~943

혜종
943~945

정종
945~949

광종
949~975

경종
975~981

목종
997~1009

성종
981~997

현종
1009~1031

덕종
1031~1034

정종
1034~1046

문종
1046~1083

순종
1083

선종
1083~1094

헌종
1094~1095

숙종
1095~1105

예종
1105~1122

충선왕
1298 /
1308~1313

충숙왕
1313~1330
/ 1332~1339

충혜왕
1330~1332
/ 1339~1344

충목왕
1344~1348

충정왕
1349~1351

공민왕
1351~1374

우왕
1374~1388

창왕
1388~1389

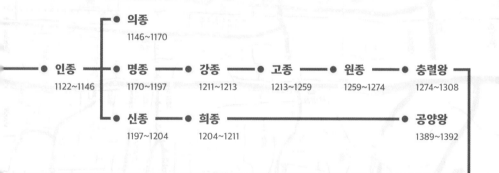

인종
1122~1146

의종
1146~1170

명종
1170~1197

강종
1211~1213

고종
1213~1259

원종
1259~1274

충렬왕
1274~1308

신종
1197~1204

희종
1204~1211

공양왕
1389~1392

조선 왕 계보도

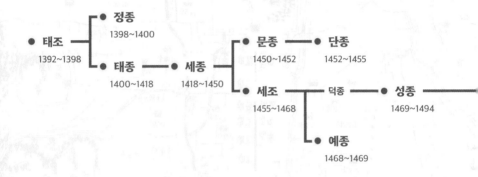

태조
1392~1398

정종
1398~1400

태종
1400~1418

세종
1418~1450

문종
1450~1452

단종
1452~1455

세조
1455~1468

덕종

성종
1469~1494

예종
1468~1469

효종
1649~1659

현종
1659~1674

숙종
1674~1720

경종
1720~1724

영조
1724~1776

장조

정조
1776~1800

은언군

은신군

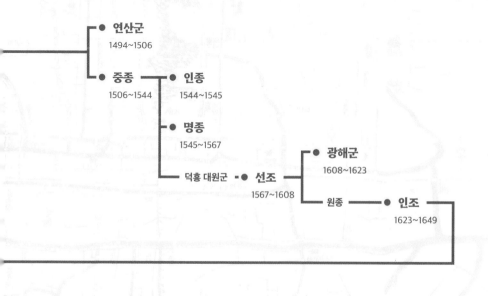

연산군
1494~1506

중종
1506~1544

인종
1544~1545

명종
1545~1567

덕흥 대원군　선조
1567~1608

광해군
1608~1623

원종　인조
1623~1649

순조
1800~1834

문조

헌종
1834~1849

전계 대원군　철종
1849~1863

남연군　흥선 대원군　고종
1863~1907

순종
1907~1910

참고 자료

1. 참고 도서

고대원 외 8인, 《조선왕조 건강실록》, 트로이목마, 2017

고려대학교 한국사연구소, 《한국사》, 새문사, 2017

국사편찬위원회, 《조선왕조실록》

권오영, 《삼국시대, 진실과 반전의 역사》, 21세기북스, 2020

김갑동, 《고려시대사 개론》, 혜안, 2013

김부식, 《삼국사기1》, 한길사, 1998

김연수, 《임진왜란 비겁한 승리》, 앨피, 2013

김종수, 《한국 고대·중세 군사제도사》, 국학자료원, 2020

류성룡, 《징비록》, 더스토리, 2017

문중양, 《우리역사 과학기행》, 동아시아, 2006

박대재, 《한국 초기사 연구》, 세창출판사, 2024

박시백, 《박시백의 조선왕조실록 1~20》, 휴머니스트, 2015

박영규, 《조선의 왕실과 외척》, 김영사, 2003

박영규, 《한 권으로 읽는 조선왕조실록》, 웅진지식하우스, 2017

박영규, 《메디컬 조선》, 김영사, 2021

박종기, 《고려사의 재발견》, 휴머니스트, 2015

변태섭, 《한국사통론》, 삼영사, 2007

설민석, 《설민석의 조선왕조실록》, 세계사, 2016

서의식, 《새로 쓰는 우리 고대사》, 솔, 2021

송호정 외, 《쟁점 한국사: 전근대편》, 창비, 2017

신명호, 《조선왕조 스캔들》, 생각정거장, 2016

신채호, 《조선상고사》, 시공사, 2023

역사돋보기 이영, 《어쩌면 당신이 원했던 고려 갈등사1》, 북스고, 2023

이상각, 《고려사》, 들녘, 2010

이근호, 《이야기 조선왕조사》, 청아출판사, 2005

이다지, 《이다지 한국사 1: 전근대》, 브레인스토어, 2015

이성무, 《조선시대 당쟁사 1》, 동방미디어, 2000

이성무, 《이성무의 조선왕조사》, 수막새, 2011

이성무, 이희진, 《다시 보는 한국사》, 청아출판사, 2013

이성무, 《조선시대 당쟁사 2》, 동방미디어, 2000

이이화, 《이이화의 한 권으로 읽는 한국사》, 교유서가, 2016

이현희, 《한국의 역사 08. 피바람 부는 권력》, 청아출판사, 2014

임기환, 《고려와 수·당, 70년 전쟁》, 동북아역사재단, 2022

일연, 《삼국유사》, 한길사, 2006

장영숙, 《고종의 인사정책과 리더십》, 역사공간, 2020

정인지, 《고려사열전》, 계명대학교출판부, 2001

한국고고학회, 《한국 고고학 강의》, 사회평론아카데미, 2015

한국고문서학회, 《조선시대 생활사 1》, 역사비평사, 1996

한국사연구회, 《새로운 한국사 길잡이 –상》, 지식산업사, 2008

한국역사연구회, 《시민의 한국사 1》, 돌베개, 2022

한명기, 《광해군》, 역사비평사, 2018

2. 참고 논문

강광식, 《붕당정치와 조선조 유교정치체제의 지배구조 변동양상》, OUGHTOPIA, 2009

강상규, 《고종의 대내외 정세인식과 대한제국 외교의 배경》, 한국동양정치사상사연구, 2005

고소진, 《백제 성왕대 사비천도와 도성》, 계명사학, 2010

권덕영, 《백제 멸망 최후의 광경》, 역사와경계, 2014

권오중, 《낙랑군 역사의 전개》, 인문연구, 2008

김경수, 《세조대 단종복위운동과 정치세력의 재편》, 사학연구, 2006

김대길, 《조선 후기 장시 발달과 사회·문화 생활 변화》, 한국학, 2012

김범, 《조선시대 사림세력 형성의 역사적 배경》, 국학연구, 2011

김병곤, 《고구려의 평양 천도 기획 시점과 남진》, 고구려발해연구, 2011

김산, 송일훈, 《고조선·고구려시대의 무예연구》, 무도연구소지, 2009

김석근, 《전국戰國과 통일統—의 리더십》, 오늘의 동양사상, 2007

김성우, 《기획: 조선후기 사회를 어떻게 볼 것인가 II-조선후기의 신분제-해체국면 혹은
    변화과정》, 역사와현실, 2003

김성윤, 《영조대 중반의 정국과 '임오화변'-임오화변(사도세자 폐사사건)의 발생원인에 대한
    재검토를 중심으로》, 역사와경계, 2002

김수태, 《신라의 천하관과 삼국통일론》, 신라사학보, 2014

김영민, 《사도세자(思悼世子)의 생애와 '임오화변(壬午禍變)'의 정치적 의의》, 역사문화논총, 2008

김영수, 《세종대의 정치적 의사소통과 그 기제》, 역사비평, 2009

김영심, 《6~7세기 삼국의 관료제 운영과 신분제》, 한국고대사연구, 2009

김은숙, 《7세기 동아시아의 국제 관계》, 한일관계사연구, 2007

김준혁, 《정조대 정치체제운영과 개혁정책》, 한국동양정치사상사연구, 2008

김준태, 《'승계계획'의 측면에서 본 조선시대 세자에 대한 연구》, 한국학논집, 2020

김창규, 《燕山君의 슬픔과 분노》, 한국인물사연구, 2013

김한수, 《사망에 이른 안면부 심부감염증: 효종(孝宗) 독살설에 대한 두경부외과의사의
    의사학(醫史學)적 고찰》, 대한이비인후과학회지 두경부외과학, 2020

김현숙, 《한중 역사 갈등의 현황과 과제-동북공정을 넘어 미래로》, 동북아역사논총, 2022

김훈식, 《朝鮮初期의 정치적 변화와 士林派의 등장》, 한국학논집, 2011

김용흠, 《조선 세조대 정치를 보는 시각과 생육신》, 역사와 현실, 2007

김용흠, 《조선의 정치에서 무엇을 볼 것인가》, 한국민족문화, 2016

김우철, 《憲宗 10년(1844) 懷平君 李元慶 謀反 사건과 그 의미》, 역사와 담론, 2010

나하나, 《부여의 변천과 동부여 문제》, 인문과학연구, 2009

남재우, 《가야의 국가발전단계와 가야사연구》, 역사와 세계, 2018

남지대, 《조선 태종의 즉위과정과 내세운 명분》, 역사와 담론, 2014

노대환, 《광해군대의 궁궐 경영과 풍수지리설》, 조선시대사학보, 2012

노태돈, 《초기 고대국가의 국가구조와 정치운영:부체제론을 중심으로》, 한국고대사연구, 2000

노태돈, 《7세기 전쟁의 성격을 둘러싼 논의》, 한국사연구, 2011

노태돈,《광개토왕대의 정복활동과 고구려 세력권의 구성》, 한국고대사연구, 2012

도현철,《정도전의 정치체제 구상과 재상정치론》, 한국사학보, 2000

문안식,《신숭겸의 出自와 후삼국 통일 전쟁기의 활약》, 신라사학보, 2016

문중양,《세종대 과학기술의 '자주성', 다시 보기》, 역사학보, 2006

문창로,《동예의 읍락과 사회상》, 한국고대사연구, 2016

박동철,《임진왜란 기간 충무공 이순신의 정보활동에 관한 연구:「임진장초」에 나타난 정보전
    사례를 중심으로》, 가천대학교, 2021

박노석,《백제 황산벌 전투와 멸망 과정의 재조명》, 인문과학연구, 2010

박윤선,《무왕대 전반기 삼국의 각축과 백제의 외교》, 한국고대사연구, 2009

박현모,《세도정치기(1800-63)의 정국운영과 언론 연구》, 한국동양정치사상사연구, 2007

박현모,《세도정치기(1800-1863) 조선의 대외정책 연구》, 국제정치논총, 2004

박현모,《세조(世祖)의 국정운영 방식 연구》, 한국사연구, 2013

박홍규, 방상근《태종(太宗) 이방원(李芳遠)의 권력정치》, 한국학, 2006

방용철,《연개소문의 집권과 고구려의 대외정책 변동》, 한국고대사연구, 2015

부남철,《조선시대의 대외전쟁과 유교적 和·戰論》, 한국동양정치사상사연구, 2006

복기대,《전한(前漢)의 동역(東域) 4군 설치 배경과 그 위치에 관하여》, 인문과학연구, 2017

손애리,《문명과 제국 사이: 병자호란 전후시기 주화·척화논쟁을 통해 본 조선
    지식관료층의'國'표상》, 한국동양정치사상사연구, 2011

손태수,《『한중록』과 『붉은 왕세자빈』에 나타난 문화횡단성 연구》, 한국학, 2008

송웅섭,《조선 성종의 文廟 儀禮 준행과 국왕으로서의 권위 창출》, 역사와 담론, 2018

송호정,《고고학으로 본 고조선》, 한국사 시민강좌, 2011

송호정,《한군현(漢郡縣) 지배의 역사적 성격》, 역사와 현실, 2010

송호정,《기원전 시기의 사회 성격과 시대구분》, 한국고대사연구, 2007

신호철,《신라의 멸망원인》, 한국고대사연구, 2008

신병주,《임진왜란 시기 광해군의 分朝 활동과 그 사회 통합적 영향》, 문학치료연구, 2019

신성재,《고려의 수군전략과 후삼국통일》, 동방학지, 2012

신철희,《"선한 참주"論과 태종 이방원》, 한국정치학회보, 2014

신호철,《후백제의 역사적 성격》, 한국고대사연구, 2014

심재권,《조선 성종조 거버넌스체제 변화과정 분석》, 한국행정사학지, 2019

안효성,《정조의 탕평 소통 리더십과 민주 시대의 사이-소통 리더십》, 열린정신 인문학연구, 2017

여호규,《6세기말~7세기초 동아시아 국제질서와 고구려 대외정책의 변화:대수관계(對隨關係)를

중심으로》, 역사와 현실, 2002

연민수, 《임나일본부설의 역사학》, 동북아역사논총, 2016

오수창, 《18세기 조선 정치사상과 그 전후 맥락》, 역사학보, 2012

오종록, 《[왜?] 연산군은 왜 폭군이 되었을까》, 내일을 여는 역사, 2001

왕현종, 《대한제국기 고종의 황제권 강화와 개혁 논리》, 역사학보, 2010

우재병, 《4~6세기 왜와 가야, 백제 사이 외교관계 변화와 그 배경》, 한국사학보, 2017

유미림, 《세종의 훈민정음 창제의 정치》, 한국동양정치사상사연구, 2005

윤경수, 《단군신화의 신화성과 역사인식》, 고조선단군학, 2000

윤성환, 《6세기 말~7세기 고구려 지배세력의 대외인식과 대외정책》, 민족문화, 2011

윤정, 《조선 중종 전반기 정국구도와 정책론》, 역사와 현실, 1997

이경동, 《조선 명종대 경연의 운영과 성격》, 역사와실학, 2020

이경식, 《전투력 요소로 본 이순신의 전투준비태세와 초기전투 승리요인》, 군사, 2016

이계황, 《임진왜란과 강화교섭-쓰시마번과 고니시 유키나가를 중심으로》, 동북아 문화연구,
     2013

이대화, 한미라, 《사도세자와 영조를 바라보는 후대의 시선: 『한중록』의 해석에 개입된 역사관
     들여다보기》, 교양학연구, 2022

이숙향, 《조선시대 〈경연〉의 독서 토론 담화 분석-성종사례를 중심으로》, 가톨릭대학교
     교육대학원, 2018

이영식, 《가야제국의 발전단계와 초기고대국가론》, 한국고대사연구, 2018

이윤복, 《고려 말 조선 초기 왕권의 문제와 태종의 대간 언론 인식》, 한국언론정보학보, 2020

이윤복, 《조선조 태종 시기 주요 사회경제적 현안의 처리와 대간 언론의 역할: 노비 관계 법령의
     정비 및 저화법 시행을 중심으로》, 한국언론정보학보, 2020

이재환, 《신라의 '골품제', 그간의 논의와 약간의 전망》, 한국고대사연구, 2017

이정범, 《5~6세기 고구려의 한강유역 지배형태》, 고구려발해연구, 2015

이정빈, 《고구려와 수·당의 전쟁, 무엇을 바꾸었나?》, 역사비평, 2019

이정철, 《선조 대 당쟁의 원인과 전개양상-이이를 중심으로》, 장서각, 2012

이종욱, 《신라 화랑도의 활동》, 서강인문논총, 2002

이해원, 《당태종 소릉을 통해서 본 당제국의 다문화사회》, 한국학연구, 2012

임종태, 《조선 후기 우량 측정의 정치》, 역사학보, 2015

임지원, 《고려 현종대 軍律 제정과 戰歿者 예우》, 대구사학, 2019

임지원, 《고려 현종의 국정운영 연구》, 경북대학교 대학원, 2022

임혜련, 《철종대 정국과 권력 집중 양상》, 한국사학보, 2012

임성수, 《19세기 환곡(還穀)의 고갈과 고리대적(高利貸的) 운영 강화》, 대동문화연구, 2021

장미애, 《무왕의 세력기반으로서 익산의 위상과 의미》, 한국고대사연구, 2010

장병진, 《초기 고구려의 주도세력과 현도군》, 한국고대사연구, 2015

장인성, 《해동증자 백제 의자왕》, 한국인물사연구, 2005

전경숙, 《고려 현종대 거란과의 전쟁과 군사제도 정비》, 역사와 담론, 2017

전덕재, 《373년 고구려 율령의 반포 배경과 그 성격》, 한국고대사연구, 2015

정구복, 《임진왜란의 역사적 의미: 壬辰倭亂에 對한 韓·日 兩國의 歷史認識》, 한일역사
　　　　공동연구보고서, 2005

정동준, 《백제시대 망국의 리더쉽》, 내일을 여는 역사, 2015

정병설, 《사도세자의 죽음을 둘러싼 논란》, 동아문화, 2020

정승호, 김수진, 《음식이 조선왕들의 질병과 사망에 미친 영향에 관한 연구(조선전기: 태조~성종)》,
　　　　한국외식산업학회지, 2020

정승호, 김수진, 《음식이 조선왕들의 질병과 사망에 미친 영향에 관한 연구(조선중기: 조선 제10대
　　　　연산군~조선 제18대 현종)》, 한국외식산업학회지, 2021

정영훈, 《단군신화의 정치사상》, 한국동양정치사상사연구, 2009

정재윤, 《4~5세기 백제와 고구려의 관계》, 고구려발해연구, 2012

정하은, 김창윤, 《사도세자에 대한 정신의학적 고찰: 사도세자, 양극성 장애 환자인가 당쟁의
　　　　희생양인가》, 신경정신의학, 2014

정해은, 《조선전기 어우동 사건에 대한 재검토》, 역사연구, 2007

조병인, 《명나라 영락제에게 진헌된 여덟 공녀의 비극》, 고궁문화, 2019

지두환, 《세종대 동아시아 정치상황》, 한국학연구, 2014

최봉수, 《고려 5도 양계의 성립과 변천에 관한 연구》, 한국행정사학지, 2018

최성환, 《조선 후기 정치의 맥락에서 탕평군주 정조 읽기》, 역사비평, 2016

최웅, 《역사 기록과 구전 설화로 본 궁예》, 인문과학연구, 2010

최윤오, 《기획:조선후기 사회를 어떻게 볼 것인가-조선후기 사회경제사 연구와 근대-지주제와
　　　　소농경제를 중심으로》, 역사와현실, 2002

최윤오, 《[사실, 이렇게 본다 1] 조선 후기 사회변동과 근대로의 이행-내재적 발전론의 역사인식》,
　　　　내일을 여는 역사, 2005

최종석, 《현종대 고려-거란 관계와 외교 의례》, 동국사학, 2016

하우봉, 《동아시아 국제전쟁으로서의 임진전쟁》, 한일관계사연구, 2011

한명기, 《임진왜란과 명나라 군대》, 역사비평, 2001

한명기, 《임진왜란 직전 동아시아 정세》, 한일관계사연구, 2012

한영우, 《정도전의 업적과 사상》, 계간 사상, 1993

한지희, 《영조 초 붕당론의 변용과 탕평책의 수립》, 국학연구, 2016

한희숙, 《조선 초기 성종비 윤씨 폐비·폐출 논의 과정》, 한국인물사연구, 2005

한희숙, 《조선 성종대 폐비 윤씨 賜死事件》, 한국인물사연구, 2006

한희숙, 《연산군대 廢妃尹氏 追封尊崇 과정과 甲子士禍》, 한국인물사연구, 2008

한희숙, 《조선 태조·세종대 세자빈 폐출 사건의 의미》, 한국인물사연구, 2010

홍순민, 《19세기 왕위의 승계과정과 정통성》, 국사관논총, 1992

3. 본문에 사용된 이미지 출처

p.34 오녀산성 ©동북아역사재단

p.43 광개토대왕릉비 한국저작권위원회, 한국 문화유산(광개토대왕릉비)_002, G905-13304408

p.49 박창돈, 〈안시성 전투〉, 독립기념관, 1975년

p.62 오승우, 〈계백 장군의 황산벌 전투〉, 전쟁기념관, 202002-0151

p.64 백제금동대향로, 백제 6~7세기, 높이 61.8cm, 국보

p.75 이종상, 〈태종 무열왕의 작전회의〉, 전쟁기념관, 202002-0170

p.80 문무대왕릉(수중릉) 항공 촬영 모습, 경주문화관광

p.83 한석홍, 〈석굴암: 비도에서 바라본 본존불2〉, 문화재청

p.94 부산 복천동 38호분 출토 철제갑옷, 기원전 1세기, 문화재청

p.113 태조왕건 청동상, 평양 조선중앙역사박물관

p.129 고려사 시무28조, 한국학중앙연구원, 9aaad2ef

p.136 이인영, 〈안융진 담판을 하는 서희〉, 전쟁기념관, 202002-0172

p.142 지석철, 〈처인성 전투〉, 전쟁기념관, 202002-0318

p.144 유네스코 세계문화유산 해인사 팔만대장경 장경판전, 고려, 문화재청

p.147 〈여몽연합군과 맞서 싸우는 삼별초〉, 애월읍 항몽유적지

p.150 김태, 〈이성계의 우라산성 전투〉, 전쟁기념관, 202002-0153

p.160 〈태조 어진〉, 1872년, 전주 경기전

p.163 〈도성도〉, 18세기 중엽, 규장각

p.176 《훈민정음(해례본)》, Cultural Heritage Administration of the Republic of Korea

p.186 김은호, 〈세조 어진 초본〉, 131.8cm×186.5cm, 국립고궁박물관

p.201 《경국대전주해》, 21.7cm×20.2cm, 국립중앙박물관, 구9528번

p.248 '삼전도비' 동판 사진

p.260 김홍도, 〈벼 타작〉, 종이에 먹과 옅은 채색, 28cm×23.9cm, 보물 제527호, 단원풍속도첩,
국립중앙박물관

p.271 〈영조 어진〉, 국립고궁박물관

p.281 김득신 외, 〈화성능행도 제7폭 환어행렬도〉, 비단에 채색, 156.5cm×65.3cm, 삼성미술관
리움

p.288 프랑스 가톨릭주간지 〈LE PELERIN〉 1925년 7월 5일 자 삽화, 국립수목원 산림박물관

그 외의 본문 사진 ⓒWikipedia

요즘 어른을 위한
최소한의 한국사

초판 1쇄 인쇄 2024년 6월 13일
초판 1쇄 발행 2024년 6월 20일

지은이 임소미
펴낸이 이경희

펴낸곳 빅피시
출판등록 2021년 4월 5일 제2021-000115호
주소 서울시 마포구 월드컵북로 402, KGIT 1906호

ⓒ 임소미, 2024
ISBN 979-11-93128-99-2 03910